향연

향연

제1판 1쇄 2016년 9월 10일
제1판 2쇄 2024년 8월 10일

지은이 플라톤
옮긴이 천병희
펴낸이 강규순
펴낸곳 도서출판 숲
등록번호 제2014-000045호
주소 경기도 파주시 돌곶이길 108-14
전화 (031)944-3139 **팩스** (031)944-3039
E-mail booksoop@korea.com
디자인 씨디자인

ⓒ 천병희, 2016. Printed in Seoul, Korea
ISBN 978-89-91290-72-3 93100
값 12,000원
잘못 만들어진 책은 구입하신 서점에서 바꿔드립니다.

이 도서의 국립중앙도서관 출판시도서목록(CIP)은 서지정보유통지원시스템
홈페이지(http://seoji.nl.go.kr)와 국가자료공동목록시스템
(http://www.nl.go.kr/kolisnet)에서 이용하실 수 있습니다. (CIP2016017206)

향연

플라톤 지음 ॰ 천병희 옮김

플라토닉 러브, 혹은 사랑에 관한 여섯 가지 견해

옮긴이 서문

플라톤(기원전 427년경~347년)은 관념론 철학의 창시자로 소크라테스, 아리스토텔레스와 더불어 서양의 지적 전통을 확립한 철학자이다. 아버지 쪽으로는 아테나이의 전설적인 왕 코드로스(Kodros)로, 어머니 쪽으로는 아테나이의 입법자 솔론(Solon)으로 거슬러 올라가는 부유한 명문가에서 태어난 그는 당시 여느 귀족 출신 젊은이들처럼 정계에 입문할 작정이었다. 그러나 펠로폰네소스 전쟁(기원전 431~404년)에서 아테나이가 패하면서 스파르테가 세운 '30인 참주'들의 폭정이 극에 달하고, 이어서 이들을 축출하고 정권을 잡은 민주제 지지자들에 의해 스승인 소크라테스가 사형(기원전 399년)에 처해지는 것을 본 28세의 플라톤은 큰 충격을 받는다. 정계 진출의 꿈을 접고 철학을 통해 사회의 병폐를 극복하기로 결심을 굳힌 플라톤은 철학자가 통치가가 되든지 통치자가 철학자가 되기 전에는 사회가 개선될 수 없다는 확신을 품게 된다.

이 사건이 있은 뒤 이집트, 남이탈리아, 시칠리아 등지로 여행을 떠났다가 아테나이로 돌아온 플라톤은 기원전 387년경 영웅 아카데모스(Akademos)에게 바쳐진 원림(園林) 근처에 서양 대학교의 원조라고 할 아카데메이아(Akademeia) 학원을 개설한다. 그리고 시칠리아에 있는 쉬라쿠사이 시의 참주들을 두 번 더 방문한 것 말고는 연구와 강의와 저술활동에 전념하다가 기원전 347년 아테나이에서 세상을 떠난다.

플라톤은 50년이 넘는 기간 동안 소크라테스가 대담을 주도하는 20편 이상의 철학적 대화편과 소크라테스의 변론 장면을 기술한 『소크라테스의 변론』(*Apologia Sokratous*)을 출판했는데, 이것들은 모두 지금까지 전해져온다. 그 밖에도 13편의 서한이 전해지는데, 과연 플라톤이 썼는지를 두고 논란의 여지가 많다.

플라톤의 저술은 편의상 초기작, 중기작, 후기작으로 구분한다. 『소크라테스의 변론』(*Apologia Sokratous*), 『크리톤』(*Kriton*), 『이온』(*Ion*), 『뤼시스』(*Lysis*), 『라케스』(*Laches*), 『카르미데스』(*Charmides*) 등으로 대표되는 초기작에서는 소크라테스가 주역을 맡아 대담자들이 제시한 견해들을 검토하고 폐기한다. 『프로타고라스』(*Protagoras*), 『고르기아스』(*Gorgias*), 『메논』(*Menon*), 『파이돈』(*Phaidon*), 『파이드로스』(*Phaidros*),

『국가』(Politeia), 『향연』(Symposion), 『테아이테토스』(Theaite-tos) 등으로 대표되는 중기 대화편에서는 소크라테스가 여전히 주역을 맡지만, 플라톤의 혼불멸론과 형상(形相 idea eidos) 이론 등을 제시하면서 소크라테스의 견해를 부연하고 있다. 『필레보스』(Philebos), 『티마이오스』(Timaios), 『크리티아스』(Kritias), 『소피스트』(Sophistes), 『정치가』(Politikos), 『파르메니데스』(Parmenides), 『법률』(Nomoi) 등으로 대표되는 후기 대화편에서는 소크라테스와 함께 혼불멸론과 형상 이론이 뒷전으로 물러나고 철학적·논리적 방법론에 관심이 집중된다.

기원전 384년에 씌어진 것으로 추정되는 『향연』은 비극작가 아가톤이 레나이아(Lenaia) 제(祭)의 비극 경연에서 처음 우승(기원전 416년)한 것을 자축해 베푼 술잔치(symposion)에서 여러 사람이 에로스(eros 사랑)에 관해 피력한 견해를 기록한 것이다. 당시 어려서 술잔치에 참석하지 못한 팔레론 출신 아폴로도로스가 그 자리에 있었던 소크라테스의 제자 아리스토데모스한테서 듣고서 친구에게 다시 그 이야기를 전하는 액자소설(額子小說) 형식을 취하고 있다.

먼저 파이드로스는 신화적인 관점에서, 파우사니아스는 소피스트의 관점에서, 에뤽시마코스는 의사의 관점에서, 아가톤은 시인의 관점에서 에로스를 짤막하게 찬미한다. 아가톤에 앞서 아리스토파네스는 희극작가답게 인간들 중에는 남성과 여성 외에 암수한몸도 있었는데, 인간들의 막강한 힘에 위협을 느낀 제우스가 인간들을 반반으로 나눠놓은 까닭에 인간은 누구나 자기 반쪽을 동경하게 됐다는 신화를 들려준다. 여기서 플라톤은 이들의 평소 지론과 문체를 은근히 패러디한 것으로 보인다.

소크라테스는 만티네이아 출신 예언녀 디오티마한테서 더 높은 경지의 사랑이 있다는 것을 배워 알게 되었다면서, 성애(性愛)로 표현되는 인간의 욕구는 인간의 혼이 시인이나 입법자처럼 아름다움이나 지혜를 낳고 싶어하는 지적인 형태를 취할 수도 있다고 말한다. 그러기 위해서는 하나의 아름다운 몸에서 아름다운 몸 전체로, 아름다운 몸에서 아름다운 활동, 아름다운 혼, 아름다움 자체로 나아가야 한다고 주장한다. 이처럼 아름다움 자체를 추구하는 시도는 사랑의 진리를 지향하게 된다. 이제 사랑은 불변적이고 완전한 진리에 대한 사랑, 진리 탐구가 된다.

여섯 번째로 소크라테스가 에로스에 대한 견해를 밝히고 나자 거나하게 취한 알키비아데스가 뒤늦게 합석하게 된다. 알키비아데스는 소크라테스가 어느 누구와도 비교할 수 없는 비범한 인물로, 안에 신상이 여러 개 들어 있는 실레노스 상이나 피리 연주로 사람들을 매혹하는 마르쉬아스와 같은 분이라며, 소크라테스를 연인으로 삼으려 유혹하려다 실패한 일과 둘이 군복무를 하며 겪은 일화 등과 함께 소크라테스와 관련된 진실을 들려준다.

플라톤의 저술이 2천 년 넘는 세월을 겪고도 모두 살아남을 수 있었던 것은 심오하고 체계적인 사상 덕분이겠지만, 이런 사상을 극적인 상황 설정, 등장인물들에 대한 흥미로운 묘사, 소크라테스에 대한 인간미 넘치는 아이러니 등을 통해 전하기 때문일 것이다. 플라톤이 그리스 최고의 산문작가 중 한 사람으로 평가받는 것도 그런 이유 때문일 것이다.

원전의 의미를 되도록 알기 쉽게 전달하려고 힘닿는 데까지 노력했다. 한 문단이 너무 길어 읽고 이해해나가는 데 어려움이 예상되는 부분은 문단을 나눈 곳도 있다.

그러나 플라톤의 말뜻을 정확히 이해하고 난삽한 문장을 쉬운 우리말로 옮기는 것은 결코 쉬운 일이 아니다. 그런 의미에서 더 나은 이해를 위해 플라톤 번역은 끊임없이 시도되어야 할 것이다.

2016년 8월

천병희

일 러 두 기

1. 이 번역서의 대본은 옥스퍼드 고전 텍스트 중 J. Burnet 교열본(1901)이다.
2. 주석은 K. Dover(Cambridge University Press 1980) C. J. Rowe(Aris & Phillips Classical Texts 1998)의 것을 참고했다.
3. 현대어 번역 중에서는 M. C. Howatson(Cambridge University Press 2008), 위 C. J. Rowe, R. Waterfield(Oxford World's Classics 1994), W. R. M. Lamb(Loeb Classical Library 1925), A. Nehamas/P. Woodruff(Hackett Publishing Company 1997)의 영어 번역과 강철웅('정암학당 플라톤 전집' 중)의 우리말 번역을 참고했다.
4. 플라톤에 관한 자세한 참고문헌은 R. Kraut(ed.), *The Cambridge Companion to Plato*, Cambridge University Press 1992, 493~529쪽과 C. Schäfer(Hrsg.), Platon-Lexikon, Darmstadt 2007, 367~407쪽을 참고하기 바란다.
5. 본문의 좌우 난외에 표시되어 있는 172a, b, c 등은 이른바 스테파누스 (Stephanus, Henricus/프랑스어 이름 Henri Estienne 16세기 프랑스 출판업자) 표기를 따른 것으로 아라비아숫자는 쪽수를, 로마자는 문단을 나타낸다. 플라톤의 그리스어 텍스트와 주요 영어·독어·프랑스어 번역 등에서는 반드시 이 표기가 사용되고 있어, 이 표기가 없는 텍스트나 번역서는 위치를 확인할 수 없는 탓에 참고서적으로서의 가치가 거의 없다고 해도 과언이 아니다.
6. 대화문 안에서 다시 대화가 나올 때는 「 」를 사용했고, 대화문 안에서 인용이나 강조를 나타낼 때는 〈 〉를 사용했다.
7. ( ) 안은 훗날 가필된 것으로 추정되는 부분들이다.
8. 설명이 필요하다고 생각되는 곳에는 주석을 달았다.

차 례

대담자
아폴로도로스(24세) 부잣집 아들
그의 친구

대담 속 주요 등장인물
글라우콘(Glaukon) 플라톤의 형?
아가톤(Agathon 31세쯤) 비극작가
아리스토데모스(Aristodemos) 소크라테스의 추종자
아리스토파네스(Aristophanes 34세쯤) 희극작가
알키비아데스(Alkibiades 35세쯤) 아테나이 명문가 출신의 정치가
에뤽시마코스(Eryximachos 30세쯤) 의사
파우사니아스(Pausanias) 아가톤을 사랑한 것 말고는 달리 알려진 바가 없다
파이드로스(Phaidros 28세쯤) 소크라테스의 추종자
소크라테스(Sokrates 54세)

장소
아가톤의 집

때
기원전 416년

아폴로도로스 나는 자네들의 물음에 대답할 준비가 되어 있는

것 같네. 일전에 내가 팔레론¹에 있는 집에서 도성²으로 올라

가는데, 아는 사람이 뒤에서 나를 보고는 멀찍이서 놀리듯 목

청을 돋우어 부르더군. "이봐, 팔레론 친구! 거기 있는 아폴로

도로스 말일세. 자네 좀 기다려주지 않겠나?" 그래서 내가 서

서 기다리자 그가 말했네. "이봐, 아폴로도로스! 일전에도 나

는 자네를 찾아다녔네. 아가톤과 소크라테스와 알키비아데스

와 그 밖의 다른 손님들이 참석한 그 회식 자리에서 무슨 일이

일어났는지, 사랑에 대해 그분들이 무슨 말을 했는지 물어보고

싶어서 말일세. 어떤 사람이 필립포스의 아들 포이닉스³한테서

---

1 팔레론(Phaleron)은 아테나이(Athenai) 남서 해안에 있는 아테나이의
   구항(舊港)이다.
2 도성(都城 asty)이란 여기서 아테나이 시를 말한다.
3 그에 관해서는 달리 알려진 바 없다.

전해 들은 대로 내게 전해주면서 자네도 알고 있다고 했는데, 그 사람은 아무것도 확실하게 말하지 못했네. 그러니 자네가 이야기해주게. 자네는 소크라테스의 친구이니만큼, 그분의 말씀을 자네가 전하는 것이 가장 적절하겠어. 그러나 이걸 먼저 말해주게" 하고 그는 말을 이었네. "자네는 그 모임에 몸소 참석했는가, 참석하지 않았는가?"

그래서 내가 말했지. "자네에게 전해준 사람은 정말 아무것도 확실하게 전해주지 못한 것 같네그려. 만약 자네가 묻고 있는 그 모임이 내가 참석할 수 있었을 만큼 최근의 일이라고 자네가 생각한다면 말일세." "아닌 게 아니라 나는 그렇게 생각했어" 하고 그가 말하더군. 내가 말했지. "이봐 글라우콘, 내가 어떻게 참석할 수 있었겠나? 자네도 알다시피, 아가톤이 고향인 이곳 아테나이를 떠난 지 벌써 여러 해 되었고,[4] 내가 소크라테스 선생님과 시간을 보내면서 그분의 언행은 무엇이든 알아내는 것을 일과로 삼은 지가 아직 3년이 안 됐는데. 그렇게 하기 전에는 내가 아무 데나 이리저리 돌아다니며 대단한 일을 한다고 생각했지만, 사실 나는 어느 누구보다 비참한 사람이었어. 지금의 자네처럼 말일세. 나는 철학을 하느니 무엇이든 다른 일을 해야 한다고 생각했으니까." 그러자 그가 말하더군. "사람 좀 그만 놀리고, 그 모임이 언제 있었는지 말해주게!" 내가 대답했네. "자네와 내가 아직 소년이었을 때 아가 톤이 첫 비극으로 우승했는데, 그와 그의 합창가무단원이 우 승을 기념하여 제물을 바친 바로 그 이튿날 그분들이 모였다 네." "그렇다면 아주 오래전 일인 것 같구먼. 한데 누가 자네에 게 그 이야기를 들려주었지? 소크라테스 선생님께서 직접 들 려주셨나?" 하고 그가 다시 물었네. "제우스에 맹세코, 그렇 b 지는 않고" 하고 내가 말했지. "포이닉스에게 들려준 바로 그 사람이 내게 들려주었네. 아리스토데모스라는 사람인데, 퀴다 테나이[5] 구역 출신으로 키가 작고 늘 맨발로 다니곤 했어.[6] 그 는 당시 소크라테스 선생님을 매우 존경하는 추종자 가운데 한 명이었기에 그 모임에 참석했던 거지. 그럼에도 나는 아리 스토데모스한테 들은 것 가운데 일부를 나중에 소크라테스 선 생님께 물어봤는데, 선생님께서는 아리스토데모스가 들려준 그대로라고 확인해주시더군." 그가 말했네. "그렇다면 자네는

4 아가톤은 펠로폰네소스 전쟁(기원전 431~404년)이 끝나갈 무렵 3대 비극시인 가운데 한 명인 에우리피데스(Euripides)와 마찬가지로 마케 도니아(Makedonia) 왕 아르켈라오스(Archelaos)의 궁전으로 초빙되어 갔다가, 기원전 400년경 그곳에서 세상을 떠났다.
5 퀴다테나이(Kydathenai)는 앗티케(Attike) 지방의 174구역 중 하나이다.
6 소크라테스처럼.

그것을 내게 들려주지 않겠는가? 도성으로 가는 길은 걸어가면서 말하고 듣기에 안성맞춤이니 말일세."

c 그리하여 우리는 그가 제안한 대로 함께 걸으며 그 주제에 관해 이야기를 주고받았고, 그래서 나는 첫머리에서 말했듯이, 준비가 되어 있다네. 내가 자네들에게도 이야기의 자초지종을 들려주어야 한다면 당연히 그래야겠지. 게다가 그렇게 함으로써 내가 이득을 본다고 생각하느냐의 여부를 떠나, 내가 말하건 남이 말하는 것을 듣건 철학적 담론은 내게 크나큰 즐거움이네. 나는 다른 종류의 담론들, 특히 자네들 돈 많은 사업가들의 담론은 짜증스럽기도 하거니와, 아무것도 이루지 못

d 하면서 자기들이 대단한 일을 한다고 생각하는 자네들 같은 친구들이 불쌍하기도 해. 자네들은 아마 나를 불쌍하다고 생각하겠지. 자네들 생각이 옳을 수도 있겠지. 하지만 나는 자네들이야말로 불쌍하다고 생각해. 아니 확신해.

아폴로도로스의 친구 자넨 언제나 똑같구먼그래, 아폴로도로스! 자네는 자신과 다른 사람들을 폄하하고 있으니 말일세. 내가 보기에, 자네는 소크라테스 선생님을 빼고는 자네 자신을 비롯하여 말 그대로 모든 사람이 비참하다고 생각하는 것 같군. 나는 자네가 어떻게 해서 '나약한 남자'라는 별명으로 불리게 되었는지[7] 이해할 수가 없어. 자네의 말투는 지금처럼 자네 자

신과, 소크라테스 선생님을 제외한 다른 사람들에게 늘 적대
적이니까 말일세.

아폴로도로스 여보게 친구, 내가 만약 나 자신과 자네들에 대해   e
그런 의도를 품고 있다면 분명 제정신이 아닌 미치광이겠지?

아폴로도로스의 친구 지금 그런 문제들로 다투는 것은 시간 낭비
일세, 아폴로도로스. 자네는 딴짓은 하지 말고 우리의 요청을
받아들여 그 모임에서 어떤 이야기들이 오갔는지 처음부터 끝
까지 들려주게!

아폴로도로스 다음과 같은 이야기들이 오갔네. 나는 아리스토
데모스가 내게 들려준 대로 처음부터 자네들에게 들려주도록   174a
하겠네.

아리스토데모스에 따르면, 그가 소크라테스 선생님과 우
연히 만났을 때 선생님께서는 평소와 달리 목욕을 하고 좋은
샌들을 신고 계셨다고 하네. 그래서 그는 그렇게 멋을 내고 어
디로 가시느냐고 선생님께 물었대.

그러자 그분은 "만찬에 참석차 아가톤의 집에 간다네"라

---

7   아폴로도로스는 『파이돈』 117d에서 소크라테스가 독약을 마시자 슬픔
을 참지 못하고 대성통곡한다.

고 대답하셨다더군. "어제 우승 축하 행사 때는 군중이 두려워 내가 그를 피했지만, 오늘은 참석하겠다고 약속했으니까. 그 래서 이렇게 멋을 낸 걸세. 멋있는 사람으로 멋있는 사람의 집 b 에 가려고 말일세. 그런데 자네는" 하고 그분께서 물으셨대. "초대받지 않았지만 만찬에 참석하는 것에 대해 어떻게 생각 하는가?"

"그래서 나는 '선생님께서 하라시는 대로 할게요'라고 대 답했지" 하고 아리스토데모스가 말했네.

"그렇다면 따라오게" 하고 그분께서 말씀하셨네. "우리 가 속담[8]을 바꿔보자고. '훌륭한 사람들은 자진하여 훌륭한 사람[9]의 잔치에 참석한다'는 취지로 말일세. 그게 호메로스의 시구보다 더 나아. 호메로스는 속담을 훼손했을 뿐 아니라 왜 c 곡했으니까. 호메로스는 아가멤논[10]을 전쟁 수행에 걸출한 전 사로, 메넬라오스를 '유약한 창수'[11]로 만들어놓고는, 제물을 바치고 손님들을 접대하는 아가멤논의 잔치에 메넬라오스가 초대받지 않고 참석하게 함으로써 더 못한 사람이 더 나은 사 람의 잔치에 참석하게[12] 했으니 말이야."

아리스토데모스는 이 말을 듣고 이렇게 대답했다고 하네. "소크라테스 선생님, 내 경우도 선생님께서 말씀하신 대로가 아니라, 호메로스에서처럼 보잘것없는 사람이 지혜로운 사람

의 잔치에 초대받지 않고 가는 것은 아닌지 두려워요. 나는 초
대받지 않고 온 것이라고 시인하지 않고 선생님한테 초대받았
다고 둘러댈 테니, 나를 데려오신 것에 대해 선생님께서 어떻   d
게 변명하실지 생각해봐주세요."

그분께서 말씀하셨네. "'우리 둘이 함께 길을 걸어가며'[13]
어떻게 대답할지 의논해보세. 자, 가세!"

아리스토데모스에 따르면, 두 사람은 그런 말을 주고받은
뒤 출발했대. 그런데 소크라테스 선생님께서 뭔가 생각에 잠겨
길을 가다가 뒤에 처지셨는데, 아리스토데모스가 기다리자 그
분께서 그에게 먼저 가라고 하셨대. 아가톤의 집에 도착하여
대문이 열려 있는 것을 본 그는 그곳에서 입장이 아주 난처하   e
게 되었다는군. 집 안의 노예 가운데 한 명이 곧장 다가와서는
그를 맞아 다른 사람들이 기대앉아 있는[14] 곳으로 안내했는데,

---

8 "훌륭한 사람들은 더 못난 사람의 잔치에 자진하여 참석한다." 희극작
    가 에우폴리스(Eupolis) 단편 289 Kock.
9 아가톤이라는 이름은 '훌륭한 사람' '어진 사람'이라는 뜻이다.
10 아가멤논(Agamemnon)은 트로이아(Troia) 전쟁 때 그리스군의 총사령
    관이었으며, 메넬라오스(Menelaos)는 그의 아우이다.
11 『일리아스』(Ilias) 17권 587행.
12 『일리아스』 2권 408행 참조.
13 『일리아스』 10권 224행.

그가 가서 보니 주연이 막 시작되었더래. 그런데 아가톤이 그를 보자마자 말했대. "아리스토데모스, 우리와 같이 식사할 수 있게 때맞춰 잘 왔구려. 자네가 다른 용무로 왔다면 다음으로 미루게. 나는 자네를 초대하려고 어제도 찾아다녔는데 도무지 볼 수가 없었네. 그런데 소크라테스 선생님은 어떻게 되셨는가? 왜 이리로 모시고 오지 않았지?"

아리스토데모스에 따르면, 그 순간 뒤돌아보았으나 소크라테스 선생님께서 따라오시는 모습이 아무 데도 보이지 않아서, 자기는 거기 가서 식사하자고 소크라테스 선생님한테 초대받고는 선생님을 모시고 오던 길이었노라고 경위를 설명했대.

"자네 정말 잘 와주었네" 하고 아가톤이 말했네. "한데 그분은 어디 계신가?"

175a "조금 전까지도 내 뒤에서 이리로 오고 계셨는데, 대체 그분께서 어디 계신지 나도 의아스럽게 여기고 있네."

아리스토데모스에 따르면, 아가톤이 노예에게 말했대. "애야, 당장 소크라테스 선생님을 찾아서 안으로 모시지 못할까? 그리고 아리스토데모스, 자네는" 하고 아가톤이 말을 이었대. "에뤽시마코스 옆에 기대앉게!"

b 아리스토데모스에 따르면, 자기는 노예가 손발을 씻겨주

어 긴 의자에 기대앉을 수 있었대. 그리고 다른 노예가 와서 소크라테스 선생님의 소식을 전했대. "그분께서는 이웃집 대문 쪽으로 물러나 그곳에 서 계신데, 제가 불러도 들어오려 하지 않으세요."

"네가 이상한 말을 하는구나" 하고 아가톤이 말했대. "그 분께서 그곳에 서 계시도록 내버려두지 말고, 여기로 당장 모셨어야지!"

그래서 아리스토데모스가 끼어들었다고 하더군. "그러지 말고 자네들은 그분께서 혼자 계시도록 내버려두게. 그분께서는 가끔 아무 데고 멈춰 서서 그대로 서 계시는 버릇이 있다네. 짐작건대, 그분께서는 곧 오실 거야. 그러니 그분을 방해하지들 말고, 혼자 계시도록 놔두게!"

아리스토데모스에 따르면, 아가톤이 말했대. "자네가 그렇게 말한다면, 우리는 당연히 그렇게 해야겠지. 애들아, 너희는 여기 나머지 사람들을 접대하도록 하라. 너희를 감독하는 사람이 없을 때ㅡ사실 나는 여태까지 감독 같은 것은 해본 적 없어ㅡ너희는 늘 너희가 원하는 대로 차려내곤 했지. 그러니 c 이번에도 너희가 다른 사람들과 함께 나를 초대했다고 생각하

---

14 고대 그리스인들은 회식 때 기대앉아 술을 마시며 담소를 나누었다.

고 우리의 박수갈채를 받을 수 있도록 시중을 들어보아라!"

아리스토데모스에 따르면, 그 뒤 만찬이 시작되었는데, 소크라테스 선생님께서는 여전히 들어오시지 않았대. 몇 번이나 아가톤이 사람을 보내 소크라테스 선생님을 모셔오라고 명령하려 했지만 자기가 그를 말렸대. 그 뒤 오래지 않아 그분께서 오셨는데, 그때는 그들이 한창 식사하던 중이었대. 아리스토데모스에 따르면, 혼자 끝자리에 기대앉아 있던 아가톤이 말했대. "소크라테스 선생님, 이리 오셔서 내 옆에 앉으세요.
d 선생님과 접촉하면서 저기 이웃집 현관에서 선생님에게 떠오른 지혜의 덕을 나도 조금은 볼 수 있도록 말예요. 선생님께서는 구하시던 것을 분명 찾아서 갖고 계세요. 그러시기 전에는 이리로 오시지 않았을 테니까요."

그러자 소크라테스 선생님께서 자리에 앉으며 말씀하셨대. "얼마나 좋을까, 아가톤. 만약 지혜라는 것이 우리가 서로 접촉함으로써 우리 가운데 더 가득 찬 사람에게서 더 비어 있는 사람에게로 흘러들어갈 수 있는 그런 종류의 것이라면. 마치 물이 양털실을 타고 더 가득 찬 잔에서 더 비어 있는 잔으로 흘러들어가듯 말일세. 만약 지혜도 그런 것이라면, 나는 자
e 네 곁에 기대앉는 것을 소중하게 여길 것이네. 나는 가득 찰 때까지 자네한테서 수많은 탁월한 지혜를 흡수하리라고 확신하

니까. 내가 가진 지혜는 보잘것없고 꿈처럼 믿을 것이 못 되네. 하지만 자네의 지혜는 밝고 앞길이 창창하네. 아직 젊은데도 엊그제 3만 명이 넘는 헬라스인들이 보는 앞에서 자네의 지혜가 강력하고 찬란하게 빛을 발했다는 사실이 이를 입증해주었네."

"소크라테스 선생님, 선생님께서는 조롱이 지나치세요" 하고 아가톤이 말했대. "지혜에 관해서는 선생님과 제가 잠시 뒤 디오뉘소스를 판관 삼아 우열을 가리기로 하고, 지금은 식사에 우선적 관심을 두세요!"

아리스토데모스에 따르면, 그 뒤 소크라테스 선생님이 기 176a대앉아 다른 분들과 함께 식사를 마쳤을 때 그들은 헌주하고 신을 찬미하는 등 전통적인 의식을 치르고 나서 술을 마시기 시작했는데, 그때 파우사니아스가 다음과 같이 말문을 열었대. "여보게들, 우리가 가장 편하게 술을 마시는 방법이 뭘까? 솔직하게 말하자면 나는 어제 과음한 탓에 몸 상태가 아주 좋지 않네. 숨 돌릴 틈이 좀 필요하네. 자네들도 대부분 어제 그 자리에 있었으니 아마 같은 느낌일 것이네. 그러니 자네들도 우리 b가 가장 편하게 술을 마시는 방법이 무언지 살펴보란 말일세."

그러자 아리스토파네스가 말했대. "파우사니아스, 오

늘은 우리가 어떻게든 편하게 술을 마셔야 한다는 자네 말은
온당하네. 나도 어제 마신 술이 아직 깨지 않았기에 하는 말
일세."

아리스토데모스에 따르면, 아쿠메노스의 아들 에뤽시마
코스가 두 사람이 하는 이야기를 듣고서 말했대. "나도 전적으
로 동감일세. 그런데 나는 자네들 가운데 한 명에게 아직도 술
마실 기운이 남아 있는지 묻고 싶네. 아가톤 말일세."

아가톤이 말했대. "나는 그럴 기운이 전혀 남아 있지 않
다네."

c   에뤽시마코스가 말했네. "나와 아리스토데모스와 파이드
로스와 여기 와 있는 다른 친구들은 횡재를 한 셈이네. 자네들
같은 술꾼들이 지금 술을 마시지 않겠다니 말일세. 우리는 늘
술에 약하니까. 나는 소크라테스 선생님은 여기서 제외하겠네.
그분께서는 양쪽 모두에 능하셔서 우리가 어느 쪽을 택하든
만족하실 테니까. 아무튼 여기 와 있는 이들은 어느 누구도 술
을 많이 마실 생각이 없는 것 같으니, 술에 취한다는 것이 대체
어떤 것인지 내가 사실을 말해도 불쾌감을 덜 살 것 같구려. 의
d   사로서의 경험을 통해 내가 알게 되었다고 믿는 것은, 술에 취
하는 것은 대체로 나쁘다는 것이네. 그래서 나도 술을 많이 마
시고 싶지 않거니와 남에게도 술을 많이 마시라고 권하고 싶지

않네. 특히 숙취로 머리가 띵할 때는."

아리스토데모스에 따르면, 이때 뮈르리누스[15] 구역 출신
인 파이드로스가 끼어들었대. "자네가 특히 의술에 관해 말할
때면 나는 늘 자네 말에 귀 기울이곤 한다네. 이번에는 우리 가
운데 다른 사람들도 자네 말에 귀를 기울일 것이네. 그들이 올
바로 판단한다면 말일세." 그 말을 듣고 그들은 모두 이번 모 　e
임에서는 취하도록 마시지 않고 기분 좋을 만큼만 마시자는
데 동의했대.

"이제 우리는" 하고 에뤽시마코스가 말했대. "각자 원하
는 만큼만 마시고 누구에게도 강권(強勸)하지 않기로 결정했
으니 내 이어서 제안하겠네. 방금 들어온 피리 부는 소녀는 돌
려보내어 혼자서 피리를 불거나 그녀가 좋다면 안에 있는 여
자들을 위해 연주하게 하고, 우리는 오늘 대화를 나누며 함께
시간을 보내도록 하세. 그리고 어떤 주제로 대화를 나눌 것인
지는, 자네들이 그러기를 원한다면, 내가 기꺼이 제안하겠네."

그러자 모두 그러기를 원하니 그에게 주제를 제안해보라 　177a
고 했대. 그래서 에뤽시마코스는 다음과 같이 말했대. "나는

15　Myrrhinous.

에우리피데스의 비극에 나오는 멜라닙페[16]의 말을 살짝 바꾸는 것으로 말을 시작하겠네. 내가 제안하려는 것은 '내 이야기가 아니라' 여기 있는 파이드로스한테서 나온 것이니까. 파이드로스가 번번이 나에게 불평을 늘어놓기에 하는 말일세. '이봐, 에뤽시마코스! 다른 신들에게는 시인들이 지어 바친 찬신가와 송가들이 있는데, 유서 깊고 그토록 강력하신 신인 에로스에게는 그토록 많은 시인 가운데 어느 누구도 찬가 하나 지

b   어 바치지 않았다는 것은 좀 심하지 않은가? 또 원한다면 존경받는 소피스트[17]들을 살펴보게. 헤라클레스와 다른 분들에게 그들은 산문으로 찬사를 지어 바치고 있네. 탁월한 프로디코스[18]가 그랬듯이 말일세. 그것은 사실 그다지 놀랄 일이 아닐세. 나는 어떤 현자[19]가 썼다는 책을 본 적이 있는데, 거기에는 소금이 그 유용성 때문에 놀랍도록 찬양받는 내용이 들어 있더군. 자네는 그 밖에도 그런 것들이 숱하게 찬양의 대상이 되

c   는 것을 보았을 걸세. 사람들이 그런 사소한 것들을 위해 그런 법석을 떨면서도 에로스에게 적절한 찬신가를 지어 바치려고 시도한 사람이 여태껏 아무도 없다고 생각해보게. 그토록 위대한 신이 그토록 홀대받다니!' 지금 생각해보니, 파이드로스의 말이 옳은 것 같네. 그래서 나는 그에게 도움을 줌으로써 그를 기쁘게 해주고 싶으며, 동시에 이번 기회에 여기 모인 우리

가 신의 명예를 높여드리는 것이 적절하다고 생각하네. 만약 자네들도 내 생각에 동의한다면, 우리는 대화로 오늘 저녁을 d 다 보낼 수 있을 것이네. 내가 생각하는 것은, 왼쪽에서 오른 쪽[20]으로 돌아가며 우리가 저마다 에로스를 되도록 가장 아름다운 말로 찬미하되, 파이드로스가 맨 먼저 시작하는 것일세. 그가 첫 번째 긴 의자를 차지하고 있을 뿐 아니라, 이번 논의의 최초 발의자이기도 하니까."

16 에우리피데스 단편 488 Nauck2. "이 이야기는 내 것이 아니라, 나의 어머니에게서 나온 것이라오." 이 말의 출처로 여겨지는 『현명한 멜라닙페』(Melanippe Sophe)는 현재 단편만 남아 있다.

17 소피스트(Sophistes)는 그리스어로 원래 특수한 기술을 가진 지자(知者)라는 뜻이다. 기원전 5세기에 이 말은 보수를 받고 지식을 가르쳐주는 순회 교사들을 의미했는데, 그들은 지리·수학·문법 등 다양한 과목을 가르쳤으나 사회적 출세를 위해 젊은이들에게 주로 수사학을 가르쳤다.

18 프로디코스(Prodikos)는 소크라테스와 동시대인인데, 그가 썼다는 『헤라클레스의 선택』에 관해서는 크세노폰(Xenophon)의 『소크라테스 회상록』(Apomnemoneumata Sokratous) 2. 1. 21~34 참조. 가축 떼를 먹이는 소년 헤라클레스 앞에 수수하게 생긴 미덕의 여신과 화려하게 생긴 악덕의 여신이 나타나 저마다 자기를 따르기를 권하자, 그는 처음에는 순탄하지만 나중에는 험난한 악덕의 길 대신 처음에는 험난하지만 나중에는 순탄한 미덕의 길을 택했다고 한다.

19 소크라테스를 공격했다고 알려진 아테나이 출신의 소피스트 폴뤼크라테스(Polykrates).

20 고대 그리스인들은 오른쪽을 길한 방향으로 여겼다.

그러자 소크라테스 선생님께서 말씀하셨대. "에뤽시마코스, 자네에게 반대표를 던질 사람은 아무도 없을 걸세. 나는 사랑에 관한 일들[21] 외에는 아무것도 이해하지 못한다고 주장하는 터라 반대하지 못할 것이고, 아가톤과 파우사니아스도 반대하지 못할 것이며,[22] 아리스토파네스도 온통 디오뉘소스와 아프로디테에 몰입해 있는 처지라서[23] 그러지 못할 것이네. 그밖에 내가 보고 있는 이 사람들 가운데 어느 누구도 그러지는 않을 걸세. 물론 끝자리에 앉아 있는 우리에게는 공평하다 할 수 없지만, 먼저 말하는 사람들이 제 몫을 충분히 잘해낸다면 우리는 그것으로 만족할 것이네. 그러니 파이드로스가 먼저 에로스에게 찬신가를 지어 바치되, 행운이 그와 함께하기를!"

소크라테스 선생님께서 그렇게 말씀하시자 모두 찬동하며 그분께서 말씀하신 대로 하라고 재촉했네. 그런데 아리스토데모스는 저마다 한 말을 일일이 다 기억하지 못했고, 나 또한 아리스토데모스가 말한 것을 일일이 다 기억하지는 못하겠네. 그런 연유로 나는 그가 가장 잘 기억하고 있던 부분들과, 내가 보기에 가장 기억해둘 만한 말을 했다고 생각되는 사람들의 말을 순서대로 전하도록 하겠네.

아리스토데모스에 따르면, 그러고 나서 내가 말한 대로

맨 먼저 파이드로스가 말했는데, 그 취지는 대강 다음과 같았대. 에로스는 위대한 신이며, 다른 많은 점에서도 그렇지만 특히 탄생이라는 관점에서 인간들과 신들 사이에서 경탄의 대상이라고. 파이드로스는 말을 이었네. "에로스는 가장 오래된 신들 가운데 한 분이기에 존경받는데, 에로스에게는 부모가 없으며, 산문에서도 운문에서도 그의 부모가 언급되지 않는다는 것이 그 증거라네. 헤시오도스[24]에 따르면, 맨 처음 생긴 것은 카오스[25]이고

… 그다음이

모두 불사신들의 영원토록 안전한 거처인 넓은 가슴의 가

---

21 철학이란 자신의 무지를 깨닫고 진리를 추구하고 사랑하는 것이라는 뜻인 듯하다.

22 두 사람은 서로 사랑하는 사이인 것 같다.

23 아리스토파네스의 희극에 술과 성행위 관련한 표현이 많은 것을 암시하는 말이다. 그리스 신화에서 디오뉘소스(Dionysos)는 주신(酒神)이고 아프로디테(Aphrodite)는 여성미와 성애(性愛)의 여신이다.

24 헤시오도스(Hesiodos)는 기원전 700년경에 활동한 그리스의 서사시인으로, 『신들의 계보』(Theogonia), 『일과 날』(Erga kai hemerai) 등의 작품이 남아 있다.

25 여기서 카오스(Chaos)는 '혼돈'이 아니라, 나중에 생겨날 우주가 들어갈 공간을 가리킨다.

이아[26]와 에로스였다.[27]

아쿠실라오스[28]도 카오스 다음에 이 둘, 즉 가이아와 에로스가 생겨났다고 헤시오도스와 같은 말을 하고 있네. 파르메니데스는 에로스의 기원에 관해 다음과 같이 말하고 있네.

모든 신들 가운데 맨 먼저 에로스를 생각해냈다.[29]

c 이렇듯 에로스가 가장 오래된 신에 포함된다는 데 동의하는 사람은 한둘이 아니라네. 그리고 에로스는 가장 오래되었기에 우리 인간들에게 가장 큰 은혜를 베푼다네. 소년에게는 어려서부터 자기를 사랑해줄 고결한 연인(戀人)[30]을 갖는 것보다 그리고 연인에게는 사랑받는 고결한 소년을 갖는 것보다 더 큰 축복이 무엇인지 나로서는 말할 수가 없네. 훌륭하게 살아가려는 사람들을 평생 동안 인도해줄 원칙을 혈연이나 공직이나 부(富) 등으로는 사랑만큼 효과적으로 주입할 수 없기 때

d 문일세. 내가 말하는 원칙이 무엇이냐고? 그것은 바로 수치스럽게 행동하는 것에 수치심을 느끼고, 훌륭하게 행동하는 것에 자긍심을 느끼는 것이라네. 이런 감정들 없이는 국가도 개인도 위대하고 훌륭한 일들을 해낼 수 없기 때문이지. 내가 말

하고자 하는 바는, 누군가를 사랑하는 사람이 수치스러운 짓을 했거나 또는 누군가에게 수치스러운 짓을 당하고도 용기가 없어 자신을 방어하지 못한 것으로 드러날 경우, 아버지나 친구들이나 그 밖의 다른 사람에게 들킨다 해도 자신의 연동(戀童)에게 들킬 때만큼은 괴롭지 않으리라는 것이네. 마찬가지 e 로 우리는 연동도 수치스러운 짓을 하다가 연인에게 들키면 남달리 수치심을 느끼는 것을 본다네. 그러니 국가든 군대든 잘 다스려지게 하는 최선의 방법은 연인들과 연동들로 구성하는 것이네. 그럴 경우 그들은 추한 것은 모두 멀리하고 서로 경

26   가이아(Gaia 또는 Ge)는 대지의 여신이다.

27   『신들의 계보』116행 이하 참조.

28   아쿠실라오스(Akousilaos)는 기원전 5세기 후반에 활동한 아르고스 출신 계보학자이다.

29   파르메니데스(Parmenides) 단편 13 Diels-Kranz. 이 문장의 주어가 누구인지는 확실하지 않다. 아프로디테라는 주장도 있고, 필연(Ananke)이라는 주장도 있다. 파르메니데스(기원전 515년경~440년경)는 남이탈리아 엘레아(Elea) 시 출신으로 '소크라테스 이전 철학자들' 가운데 한 명이다.

30   '연인'으로 번역한 erastes는 고전기 그리스 동성애에서 사랑하는 자이고, '연동'(戀童)으로 번역한 paidika 또는 eromenos는 사랑받는 소년이다. 이 책에서는 일반적인 의미의 사랑하는 사람에 대한 언급도 있어 혼동의 우려가 있기에 이런 번역어를 선택했다. '연인'이 손아래 소년인 '연동'을 만나면 훌륭한 사람이 되도록 이끌어주었다.

쟁적으로 명예를 추구할 것이기 때문일세. 그리고 그런 사람

들이 나란히 서서 싸우게 되면 비록 소수라 해도 말 그대로 전

세계를 정복할 수 있을 것이네. 누군가를 사랑하는 사람은 스

스로 대열을 이탈하거나 무기를 내팽개치는 것을 세상 그 누

구보다도 연동이 보는 것을 가장 싫어할 것이며, 그런 모습을

보이느니 차라리 몇 번이고 죽기를 택할 테니 말일세. 하물며

곤경에 빠진 연동을 버려둔다든가 도우러 가지 않는다는 것은

있을 수 없는 일일세. 에로스 자신이 용기를 불어넣으면 타고

난 영웅인 양 용감무쌍하게 만들어줄 수 없을 만큼 비겁한 자

는 아무도 없기 때문일세. 호메로스는 신이 어떤 영웅들에게

'용기를 불어넣어준다'[31]고 했는데, 바로 이것이 에로스가 연

인들에게 끼치는 영향이라네.

게다가 오직 사랑하는 사람들만이 남들을 위해 기꺼이 죽

으려 하네. 남자들만이 아니라 여자들도 말일세. 펠리아스의

딸 알케스티스가 나의 이런 주장이 사실임을 헬라스인들에게

명백히 입증해주고 있네. 그녀의 남편에게는 아버지도 있고 어

머니도 있었지만, 그녀만이 남편을 위해 대신 죽으려 했네. 남

편에 대한 그녀의 사랑은 시부모가 아들과 성씨만 같을 뿐 남남

이나 다름없어 보일 만큼 시부모의 자식 사랑을 능가했기 때문

이지. 그녀가 그런 일을 해내자 인간들뿐만 아니라 신들도 아주

훌륭한 행위로 평가했으며, 그리하여 그녀의 행위에 감탄한 신들께서 그녀의 혼을 이승으로 돌려보내셨네.[32] 비록 많은 사람들이 많은 훌륭한 일을 했어도 신들께서 저승에서 이승으로 혼을 되돌려 보내는 특혜를 주신 것은 그중 소수니까 말일세. 그만큼 신들께서도 사랑과 관련된 열의와 용기를 높이 평가하신 d
다네. 그러나 오이아그로스의 아들 오르페우스에게는 신들께서 그 아내의 환영(幻影)만 보여주고 정작 아내는 돌려주지 않음으로써 빈손으로 돌려보내셨는데,[33] 그것은 그가 여느 키타라[34] 연주자처럼 유약한 탓에 알케스티스처럼 사랑을 위해 죽

---

31 『일리아스』 10권 482행, 15권 262행.

32 에우리피데스의 『알케스티스』(Alkestis) 참조. 죽음을 앞둔 텟살리아(Thessalia)의 아드메토스(Admetos) 왕에게 운명의 여신이 누구든 다른 사람이 대신 죽으면 살려주겠다고 하자 그의 부모조차 대신 죽기를 거절하지만, 아내 알케스티스(Alkestis)가 남편 대신 죽기로 자원했다가 죽은 뒤 다시 살아난다.

33 그리스의 전설적인 가인 오르페우스(Orpheus)는 아내 에우뤼디케(Eurydike)가 독사에 물려 죽자 저승에 내려가 애절한 노래로 저승의 신 하데스를 감동시켜 아내를 데려가도 좋다는 허락을 받는다. 그러나 지상으로 나오는 마지막 순간 절대로 뒤돌아보지 말라는 명을 어겨 아내와 다시 이별하게 되는데, 고향에 돌아가서는 죽은 아내 생각만 하고 다른 여자들은 거들떠보지 않다가 여자들에게 찢겨 죽는다. 오비디우스(Ovidius), 『변신 이야기』(Metamorphoses) 10권 1~85행 참조.

34 키타라(kithara)는 뤼라(lyra)를 개량한 발현악기이다.

을 용기가 없어 살아서 저승에 들어갈 궁리를 한 것으로 보였

기 때문이네. 그래서 신들께서는 벌을 내려 그가 여인들의 손

e 에 죽게 만드셨던 것이네. 그와 달리 신들께서는 테티스의 아

들 아킬레우스는 명예를 높여주며 '축복받은 자들의 섬들'[35]로

보내셨다네. 그것은 그가 만약 헥토르를 죽이면 자신도 죽겠지

만, 만약 헥토르를 죽이지 않으면 고향으로 돌아가 늙어서 죽

게 되리라는 것을 어머니에게 들어 알면서도,[36] 용감하게 자신

의 연인 파트로클로스[37]를 도우러 가서 복수하기로 하고, 단지

파트로클로스를 위해 죽는 데 그치지 않고 죽은 파트로클로스

180a 를 뒤따라 죽기로 했기 때문이네. 따라서 신들께서는 아킬레

우스에게 감탄하여 그의 명예를 각별히 높여주셨는데, 그것

은 그가 자신의 연인을 그토록 높이 평가했기 때문이네. 그런

데 아킬레우스가 파트로클로스의 연인이라는 아이스퀼로스의

주장[38]은 사실이 아닌 것 같네. 아킬레우스는 파트로클로스뿐

아니라 그 어떤 영웅보다 더 미남인 데다 아직 수염도 나지 않

았으며, 호메로스에 따르면[39] 훨씬 젊기 때문일세. 아무튼 신들

께서 용기 중에서도 사랑의 용기를 가장 높이 평가하시는 것은

b 사실이네. 하지만 신들께서는 연인이 연동을 좋아할 때보다는

연동이 연인을 좋아할 때 더 감탄하고 찬탄하시며 더 큰 혜택

을 주신다네. 연인은 안에 신[40]이 들어 있어 연동보다 더 신에

가깝기 때문이지. 그래서 신들께서는 아킬레우스를 '축복받은 자들의 섬들'로 보내 알케스티스보다 더 명예를 높여주셨던 것이라네.

결국 내 주장인즉 에로스는 신들 가운데 가장 오래되고 가장 존경스러우며, 인간들이 생전에나 사후에나 미덕과 행복을 얻는 데 가장 도움이 되는 분이라는 것이네."

아리스토데모스에 따르면, 파이드로스는 대강 그런 말을 했고, 파이드로스에 이어서 몇 사람이 더 발언을 했지만 자기는 잘 기억이 나지 않는대. 그래서 아리스토데모스는 그들의 발언은 제쳐두고 파우사니아스의 이야기를 들려주었는데, 그에 따르면, 파우사니아스는 다음과 같이 말했대.

35 고대 그리스인들은 소수의 축복받은 사람들은 죽지 않고 대지의 서쪽 끝 오케아노스(Okeanos) 강변에 있다는 이른바 '축복받은 자들의 섬들'(makaron nesoi)로 옮겨져 행복한 삶을 산다고 믿었다.
36 『일리아스』 9권 410~416행 참조.
37 호메로스에서는 아킬레우스(Achilleus)와 파트로클로스(Patroklos)가 동성 연인 사이였다는 말이 없다.
38 아이스퀼로스(Aischylos)의 단편만 남아 있는 『뮈르미도네스족』(Myrmi-dones) 단편 228 이하 참조.
39 『일리아스』 11권 786행에는 파트로클로스가 손위라는 말은 있어도 '훨씬' 연상이라는 말은 없다.
40 에로스.

"파이드로스, 내가 보기에 우리가 대화의 주제를 제대로 설정한 것 같지 않네. 우리더러 이렇게 덮어놓고 에로스를 찬양하라고 한다면 말일세. 에로스가 한 분뿐이라면 그것도 좋겠지. 하지만 에로스는 사실상 한 분이 아니며, 한 분이 아니라면 먼저 어떤 에로스를 찬양해야 할지 규정하는 것이 더 타당할 걸세. 그래서 나는 이를 시정할 참이네. 먼저 우리가 찬양해야 하는 에로스가 어떤 분인지 말하고 나서 그분에게 걸맞게 찬양하겠단 말일세. 우리 모두가 알다시피, 에로스 없이는 아프로디테도 없네. 그러니 아프로디테가 한 분뿐이라면 에로스도 한 분뿐이겠지만, 아프로디테는 실은 두 분이니 에로스도 필연적으로 두 분일세. 어째서 아프로디테가 두 분이냐고? 그중 나이 더 많은 분은 우라노스의 따님으로 어머니 없이 태어났는데, 그래서 우리는 그분을 '천상의[41] 아프로디테'라고 부른다네. 더 젊은 다른 한 분은 제우스와 디오네의 따님으로[42] 우리는 그분을 '범속한[43] 아프로디테'라고 부르지.[44] 따라서 두 번째 아프로디테와 협력하는 에로스는 당연히 '범속한 에로스'라고 불러야 할 것이고, 다른 에로스는 '천상의 에로스'라고 불러야 할 것이네. 우리는 모든 신을 찬양해야 마땅하지만, 지금은 이들 두 분 신이 저마다 어떤 권능을 갖고 있는지 말하려고 노력해야 할 것이네.

어떤 행위든지 행위 자체는 아름답지도, 추하지도 않네. 이를테면 술을 마시건 노래를 부르건 대화를 하건 지금 우리가 하고 있는 행위는 어느 것도 그 자체로는 아름답지 않네. 오히려 행위가 행해지는 방법에 따라 그 성격이 결정되네. 아름답고 올바르게 행해지면 아름다운 행위가 되고, 올바르게 행해지지 않으면 수치스러운 행위가 될 것이네. 사랑하는 행위와 에로스도 마찬가지여서, 모든 에로스가 아니라, 아름답게 사랑하도록 우리를 자극하는 에로스만이 아름답고 찬양받을 가치가 있다네.

181a

그런데 범속한 아프로디테에게 속하는 에로스는 말 그대로 만백성의 것인지라 아무렇게나 닥치는 대로 일을 해치운다네. 그래서 이것은 보잘것없는 사람들이 경험하는 에로스라네. 그런 사람들은 첫째, 소년들을 사랑하는 것 못지않게 여자들을 사랑하며, 둘째, 자신들이 사랑하는 사람들의 혼보다는

b

---

41 ourania. '우라노스(Ouranos '하늘')의 딸' '하늘의' '천상의'라는 뜻.

42 『일리아스』 5권 370행 이하 참조.

43 pandemos. '만백성의'라는 뜻.

44 헤시오도스에 따르면 크로노스(Kronos)가 어머니 가이아의 사주를 받아 아버지 우라노스의 남근을 잘라 바닷물에 던지자 그 살점 주위에 거품(aphros)이 일면서 거기서 아프로디테가 태어났다고 한다. 『신들의 계보』 190행 이하 참조.

몸을 더 사랑하며, 셋째, 되도록 어리석은 자들을 사랑한다네. 그들은 성적 만족을 얻는 데만 신경 쓰고 아름답게 달성하느냐의 여부에는 관심이 없으니까. 그래서 그들은 좋고 나쁜 것을 가리지 않고 아무렇게나 닥치는 대로 해치운다네. 그것은 이 에로스가 둘 가운데 훨씬 미성숙하며, 아버지와 어머니 사이에서 태어나 여성적인 요소와 남성적인 요소를 다 갖춘 여신으로부터 유래하기 때문이지. 그와 달리 천상의 아프로디테에게 속하는 에로스는 첫째, 여성적인 요소는 없고 남성적인 요소만 갖추고 있는[45] 여신에게 속한다네. 그래서 그런 에로스는 소년들을 사랑하지. 둘째, 그런 에로스는 나이 지긋하고 오만한 데 없는 여신에게 속한다네. 그래서 그런 에로스에게 영감을 받은 자들은 본성상 더 강하고 더 지성적인 것을 좋아하여 남성적인 것을 지향하지. 우리는 소년에 대한 사랑에서도 순전히 이런 에로스에 고무된 자들을 식별할 수 있다네. 그들은 지성을 갖추기 시작한 소년들만을 사랑하는데, 그것은 시기적으로 턱에 솜털이 나기 시작하는 때와 거의 일치한다네. 그때가 되어서야 그들을 사랑하기 시작하는 사람들은 아마도 평생을 같이하며 함께 생활할 것이고, 아직 철이 안 난 소년과 사귀다 속이고 조롱하며 차버리고는 다른 소년에게로 달려가는 일은 없을 걸세. 결과를 예견할 수 없는 일에 많은 시간과 노력을 쏟는 것을 예방하기 위해서는 너무 어린 소년들을 사랑 하는 것을 금지하는 법이 제정되었어야 하네. 어떤 소년이 혼 이나 몸과 관련하여 결국 악덕에 이르게 될지 미덕에 이르게 될지는 아무도 예견할 수 없기 때문일세. 물론 훌륭한 사람들 은 자진하여 자신들을 위해 그런 법을 만들고 있네. 하지만 이 들 범속한 연인들에게도 그런 법이 부과되어야 하네. 마치 그 들이 자유민 여인들[46]을 사랑하지 못하도록 우리가 힘닿는 데 까지 강제하듯이 말일세. 연인들의 청을 들어주는 것은 수치 스러운 짓이라고 비난하는 사람들도 있는데, 이는 다 이들 범 속한 연인들 탓이라네. 이들을 염두에 두고 그렇게 말하는 사 람들은 이들의 부적절함과 부당함을 목격하기 때문이지. 그게 무엇이든 질서 있게 법에 따라 행해진 것이 비난받는다는 것 은 분명 정당하지 못할 테니까.

그런데 사랑에 관한 법[47]은 다른 나라들에서는 단순하게 규정되어 있어 이해하기가 쉬운데, 이곳 아테나이와 라케다이

---

45 어머니 없이 아버지에게서 태어났기 때문에. 주 44 참조.

46 당시 자유민 여인들은 가장 가까운 친척의 동의를 받아야만 결혼할 수 있었다.

47 그리스어 nomos에는 '관습'이라는 뜻도 있다.

몬^{48}에서는 복잡하네. 엘리스와 보이오티아와 그 밖에 말재간
b 이 없는 곳에서는 연인의 청을 들어주는 것은 아름다운 일이
라고 단순하게 법이 제정되어 있어, 노소를 막론하고 그것이
수치스럽다고 말할 사람은 아무도 없네. 그곳 사람들이 말재
간이 없어 젊은이들을 말로 설득하는 수고를 아끼기 위해 그
러는 것 같네. 그러나 페르시아인들의 지배를 받으며 사는 이
오니아 지방^{49}과 그 밖의 여러 지역에서는 수치스러운 짓으로
간주되고 있네. 페르시아인들이 소년을 사랑하는 일뿐만 아
니라 철학과 체력 단련을 수치스러운 것으로 간주하는 이유
c 는 전제군주의 지배를 받기 때문일세. 신하들이 큰 뜻을 품거
나 강한 우정이나 연대감을 느끼는 것이 지배자들에게는 도움
이 되지 못할 테니까. 그런데 이런 감정을 자아내는 것은 무엇
보다도 사랑이라네. 이곳 아테나이의 참주들은 경험을 통해
그것을 알게 되었지. 아리스토게이톤의 사랑과 하르모디오스
의 우정이 확고해져서 사실상 참주정체를 무너뜨렸으니 말일
세.^{50} 이렇듯 연인들의 청을 들어주는 것을 수치스럽다고 간주
d 하는 곳에서 그런 전통이 세워진 것은 입법자들의 사악함, 즉
치자들의 탐욕과 피치자들의 비겁함 탓이네. 그러나 그것을
무조건 명예로운 것으로 받아들이는 곳이 있다면 이는 입법자
들의 마음이 나태한 탓이네.

이곳 아테나이에는 그보다 훨씬 훌륭한 관습들이 정착되어 있네. 앞서 말했듯이, 이해하기 쉽지 않지만 말일세. 다음과 같은 것들을 생각해보게. 특히 외모는 뛰어나지 못해도 가장 고귀하고 가장 훌륭한 연동을 사랑할 때는 몰래 사랑하는 것보다 공공연하게 사랑하는 것이 더 아름답다는 것. 그리고 사랑하는 사람은 사방에서 엄청난 격려를 받는데, 그것은 그의 행위가 수치스러운 짓이라고 여겨지지 않기 때문이라는 것. 연동을 구한 자는 갈채를 받지만 연동을 구하지 못한 자는 조롱거리가 된다는 것. 그리고 연동을 구하려고 노력하는 연인이 놀라운 짓을 해도 우리는 이를 용납하고 칭찬한다는 것. 그가 다른 목적을 위해 다른 것을 바라고 그런 짓을 감행한다면 심한 비난만 사게 되리라는 것 말일세.

48 라케다이몬(Lakedaimon)은 대개 스파르테(Sparte)의 다른 이름이다.
49 지금의 터키 서해안 중앙부에 해당하는 이오니아(Ionia) 지방은 아가톤이 비극 경연에서 우승한 기원전 416년에는 페르시아가 아니라 아테나이의 지배를 받았다.
50 아리스토게이톤(Aristogeiton)은 아테나이의 젊은이로, 기원전 514년 참주 힙피아스(Hippias)를 암살하려다 참주의 아우인 힙파르코스(Hipparchos)만 암살하고는 연동 하르모디오스(Harmodios)와 함께 치형된다. 투퀴디데스(Thoukydides), 『펠로폰네소스 전쟁사』(*ho Polemos ton Pelonnesion kai Athenaion*) 6권 54~59장 참조.

예컨대 누가 남에게서 돈이나 관직이나 다른 혜택을 바라
고서 연인들이 연동들에게 하는 일들을 하려 한다고 가정해보
게. 탄원하고 애걸복걸하고 맹세하며 약속하고 남의 집 문간
에서 누워 자고 노예도 하려 하지 않을 종노릇을 하려 한다고
가정해보란 말일세. 그러면 친구들도 적들도 그가 그렇게 행
동하지 못하도록 막을 것이네. 적들은 아부나 하며 자유민답
지 않게 처신한다고 그를 비난할 것이고, 친구들은 훈계하며
자신들이 그의 친구라는 것을 부끄러워할 것이네. 그러나 연
인은 그런 모든 일을 한다 해도 호감을 사며, 우리의 법은 그가
아주 아름다운 일을 한다고 보고는 비난하지 않고 그런 일을
하도록 허용한다네. 가장 이상한 것은, 맹세를 하고 나서 그 맹
세를 저버린다 해도 연인만은 신들의 용서를 받는다고 대중이
말한다는 것이네. 대중에 따르면, 연인의 맹세는 맹세가 아니
니까. 이곳 아테나이의 법에 따르면, 연인에게는 신들도 인간
들도 이렇듯 완전한 자유를 준 셈이네. 그렇게 볼 때 이 나라에
서는 연동을 사랑하는 것도, 연인의 청을 들어주는 것도 아주
아름다운 일로 간주된다고 생각할 수 있을 걸세. 반면 누가 이
런 것들을 보게 된다면 어떨까. 아버지가 연동이 된 아들에게
가정교사[51]를 붙이며 아들이 연인과 대화하지 못하게 하라고
엄중히 지시하거나, 연동이 연인과 만나는 것을 보고 연동의

또래들이 연동을 꾸짖거나 나이 든 사람들이 그런 소년들을
제지하거나 옳지 못한 말을 한다고 나무라지 않는다면 말이야.
그는 생각을 바꾸어 그런 행위가 이곳 아테나이에서는 더없이
수치스러운 짓으로 여겨진다고 생각하게 될 것이네.

그러나 사실은 이 문제가 그리 간단하지 않다고 생각하네.
내가 첫머리에서 말했듯이, 그런 행위는 그 자체로는 아름답
지도 추하지도 않으며, 아름답게 행해지면 아름답고, 추하게
행해지면 추하네. 추하게 행한다 함은 나쁜 사람에게 나쁜 방
법으로 청을 들어주는 것이고, 아름답게 행한다 함은 고상한   e
사람에게 아름답게 청을 들어주는 것이네. 나쁜 연인이란 혼
보다 몸을 더 사랑하는 범속한 연인이네. 그래서 그런 연인은
한결같지 않은데, 한결같지 않은 것을 사랑하기 때문이지. 그
가 사랑하던 몸에 꽃이 지기 시작하면 그는 '날개를 타고 떠나
간다네',[52] 수많은 말과 약속은 물거품이 되고 말지. 반면 고상
한 성격을 사랑하는 연인은 평생 한결같은데, 이는 그가 한결
같은 것과 하나로 융합되기 때문이라네. 그러니까 우리의 법
은 이 두 종류의 연인을 제대로 잘 검증하여, 어떤 연인의 청을   184a

---

51   대개 나이 많은 노예.
52   『일리아스』 2권 71행.

들어주고 어떤 연인을 회피해야 할지 보여준다네. 그래서 우리의 법은 연인은 연동을 뒤쫓고 연동은 달아나도록 격려하는데, 이런 시련과 시험을 통해 연인과 연동이 이 두 부류 가운데 어디에 속하는지 보여주려는 것이지. 또한 그런 이유에서 첫째, 연동이 빨리 잡히는 것은 추한 일로 간주되네. 만물의 시금석인 시간이 개입할 여지를 남겨두기 위해서지. 둘째, 돈이나 정치권력에 잡히는 것도 추한 일로 간주되네. 박해에 주눅

b 들어 저항하지 못하고 굴복하든, 부와 권력을 맛본 뒤 그런 특혜를 무시하지 못해서든 말일세. 그도 그럴 것이, 이런 특혜들에서는 고귀한 우정이 생겨날 수 없다는 점은 차치하고, 그런 것들은 어느 것도 확고하지도 한결같지도 않은 것 같기 때문이네.

그래서 연동이 연인의 청을 아름답게 들어주려면, 우리 나라 법에는 단 하나의 길이 남아 있네. 말하자면 우리 나라 법에서는 앞서 말했듯이 연인이 연동을 위해 자진해 어떤 종류의 종노릇을 해도 아첨이나 추문으로 간주되지 않듯이, 이 경우에도 비난받지 않고 자진하여 종노릇을 할 방법이 딱 한 가지 남아 있는데, 그것은 바로 미덕과 관련된 종노릇이라네. 누가 자신이 어떤 종류의 지혜나 그 밖에 다른 미덕에서 더 훌륭한 사람이 되리라 생각하고 남에게 자진하여 종노릇을 한다면,

이런 종류의 자발적인 종노릇은 수치스러운 짓도 아니고 아부도 아니라는 것이 우리의 전통이기에 하는 말일세.

따라서 연동이 연인의 청을 들어주는 것이 아름다운 일이 되기 위해서는 이 두 가지 법, 즉 연동을 사랑하는 일에 관련된 법 그리고 지혜와 다른 미덕에 관련된 법이 하나로 결합될 필 d 요가 있네. 연인과 연동이 함께 만나되 각자 자기에게 걸맞은 원칙에 복종할 때, 연인은 자기 청을 들어준 연동에게 어떤 봉사를 해도 정당화될 수 있다는 것을 알고 연동은 자기를 지혜롭고 훌륭하게 만들어주는 연인을 위해 어떤 봉사를 해도 정당화될 수 있다는 것을 이해할 때, 그리하여 연인은 연동이 더 지혜롭고 더 훌륭한 사람이 되게 도와줄 수 있고 연동은 배워서 지식을 증진하기를 열망할 때, 이처럼 두 가지 원칙이 완전 e 히 일치할 때에만 연동이 연인의 청을 들어주는 것이 아름다울 수 있고, 다른 경우에는 절대로 그럴 수 없네. 이 경우에는 설사 기만당하더라도 결코 수치스러운 일이 아닐세. 그러나 다른 경우 그것은 속았든 속지 않았든 치욕을 안겨준다네. 예를 들어 어떤 젊은이가 연인이 부자인 줄 알고 돈이 탐나 연인 $185a$ 의 청을 들어주었는데 그가 가난뱅이로 드러나 돈을 한 푼도 얻어내지 못하고 속았다면, 이 역시 수치스럽기는 마찬가지일세. 그런 젊은이는 돈을 위해서라면 누구에게 무슨 봉사든 할 것이라는 자기 속마음만 드러낸 꼴이 되었는데, 그것은 아름답지 못하기 때문이지. 같은 이치에서 설사 어떤 젊은이가 연인이 훌륭한 사람인 줄 알고 그를 사랑함으로써 자신이 더 나은 사람이 될 것이라 믿고 연인의 청을 들어주었다가 연인이

b 미덕이라고는 전혀 갖추지 못한 악당으로 드러나 속임을 당했다 하더라도, 그렇게 속는 것은 아름답다네. 이 젊은이도 미덕을 위해서라면, 더 훌륭한 사람이 되기 위해서라면 누구에게 무슨 봉사라도 기꺼이 할 것이라는 자기 속마음을 드러낸 것으로 여겨질 텐데, 그런 태도는 더없이 아름답기 때문일세. 따라서 미덕을 위해서라면 연인의 청을 들어주는 것은 어떤 경우에도 아름답네. 이런 사랑은 천상의 여신에게 속하는 천상의 사랑으로, 국가에도 개인에게도 매우 가치 있는 것이라네.

c 그런 사랑은 연인도 연동도 자신의 미덕을 정성껏 돌보도록 강요하기 때문이네. 그 밖에 다른 종류의 사랑은 모두 다른 여신, 즉 범속한 여신에 속한다네.

파이드로스, 이상이 에로스에 관해 내가 지금 자네에게 말할 수 있는 것일세.”

아리스토데모스에 따르면, 파우사니아스가 운을 맞추어 하던 말을 멈추자[53] —나는 이렇게 운을 맞추는 법을 수사학자

들한테 배웠지―이번에는 아리스토파네스가 말할 차례였는데, 아리스토파네스는 과식을 했기 때문인지 다른 이유 때문인지 갑자기 딸꾹질이 나는 바람에 말을 할 수가 없어 바로 옆자리에 기대앉아 있던 의사 에뤽시마코스에게 다음과 같이 말 d 했대. "에뤽시마코스, 내 딸꾹질을 멎게 해주든지, 아니면 딸꾹질이 멎을 때까지 자네가 나 대신 말해야 될 것 같네."

그러자 에뤽시마코스가 말했대. "내 자네 청을 둘 다 들어주겠네. 자네 대신 내가 먼저 말하고, 딸꾹질이 멎으면 자네가 내 차례에 말하란 말일세. 내가 말하는 동안 한동안 숨을 멈추고 있으면 딸꾹질이 멎을 것이네. 그래도 멎지 않거든 물로 양치질을 해보게. 딸꾹질이 심하다 싶으면 무엇인가로 콧구멍을 e 간질여 재채기를 해보게. 한두 번 그렇게 하면 심한 딸꾹질도 멎을 걸세." 그러자 아리스토파네스가 말했대. "자네가 먼저 말하게. 나는 자네가 시키는 대로 할 테니."

그러자 에뤽시마코스는 다음과 같이 말했대. "파우사니아스가 출발은 좋았으나 하던 말을 제대로 마무리 짓지 못한 까

---

53 '파우사니아스가 하던 말을 멈추자'의 원문은 Pausaniou de pausamenou 인데, 두 단어의 두운과 각운이 같은 것을 두고 빗대어 한 말이다.

닭에 내가 그의 말을 마무리 짓도록 최선을 다해야 할 것 같네. 그가 에로스를 두 종류로 구분한 것은 아주 잘한 일인 것 같네. 그러나 에로스는 인간의 혼 안에만 존재하는 것도 아니고 인간의 아름다움에 대해서만 느끼는 감정이 아니라, 훨씬 광범위한 현상이네. 에로스는 동물의 세계와 식물의 세계뿐 아니라 사실은 우주 만물 속에 존재한다네. 내가 우리 직업인 의술

에 종사하며 관찰한 바에 따르면, 에로스는 인간과 신의 모든 영역에 영향을 끼치는 위대하고도 놀라운 신이라네.

　나는 의술에 경의를 표하기 위해서라도 의술을 내 논의의 출발점으로 삼겠네. 모든 몸에는 이런 이중적인 에로스가 내재한다네. 누구나 다 인정하듯이, 몸 안의 건강한 부분과 병든 부분은 서로 별개의 것이고, 서로 다른 것은 서로 다른 것을 열망하고 사랑하게 마련이지. 따라서 건강한 부분이 경험하는 사랑이 다르고 병든 부분이 경험하는 사랑이 다를 수밖에 없네. 잠시 전에 파우사니아스는 훌륭한 사람의 청을 들어주는 것은 아름답고, 자제력 없는 사람의 청을 들어주는 것은

수치스러운 짓이라고 말했는데, 몸의 경우에도 상황은 비슷하네. 몸 안의 훌륭하고 건강한 부분의 청을 들어주는 것은 아름답고 긴요하지만(그리고 그것이 바로 의술이라는 것이네), 나쁘고 병든 부분의 청을 들어주는 것은 수치스러운 짓일 뿐 아

니라, 명의(名醫)가 되려는 사람이라면 그런 부분의 청은 반드시 거절해야만 하네. 간단히 말해 의술이란, 몸을 채우거나 비우는 것과 관련하여 에로스가 어떤 영향을 끼치는지 아는 학문이라네. 그리고 명의란 그 과정에서 좋은 에로스와 나쁜 에로스를 구분하여 몸이 나쁜 에로스보다는 좋은 에로스를 받아들이도록 변화를 유도할 줄 아는 사람이라네. 에로스가 있어야 하는데도 없는 부위에서는 에로스가 생겨나게 하고, 에로스가 없어야 하는 부위에서는 에로스를 제거할 줄 아는 사람이라야 훌륭한 의사로 간주될 수 있을 것이란 말일세. 의사는 몸 안의 가장 적대적인 요소들이 친구가 되어 서로 사랑하게 만들 수 있어야 하니까. 그런데 찬 것과 뜨거운 것, 쓴 것과 단 것, 마른 것과 축축한 것 등이 그러하듯 가장 대립되는 것들이 가장 적대적이네. 우리 선조이신 아스클레피오스[54]께서는 대립되는 것들이 서로 사랑하며 사이좋게 지내도록 할 수 있었기에 우리의 의술을 확립하실 수 있었던 거라네. 여기 이 시인들[55]은 그렇게 주장하고 있고 나도 그렇게 믿고 있다네. 그러

d

e

---

54 아스클레피오스(Asklepios)는 아폴론(Apollon)의 아들로 의신(醫神)이다.

55 아가톤과 아리스토파네스.

니까 의술은 전적으로 에로스 신에 의해 조종되며, 그 점에서

는 체육과 농업도 마찬가지라네. 그리고 음악도 마찬가지라는

것은 누구든 조금만 생각해보면 명확히 알 수 있네. 헤라클레

이토스[56]도 비록 표현은 모호하지만 아마 이를 염두에 두고 일

자(一者)에 관해 다음과 같이 말했던 것 같네. "일자는 자신과

불화함으로써 자신과 화합한다. 활과 뤼라의 조화처럼."[57] 그

렇지만 조화에 불화가 내재한다든가, 조화가 불화하는 요소들

로 구성된다고 말하는 것은 매우 불합리하네. 그가 말하고자

b 한 것은 아마도 높은 음조와 낮은 음조가 처음에 불화하던 상

태를 나중에 이 두 음조가 화합하는 상태로 바꿈으로써 조화

를 이끌어내는 것이야말로 음악이 할 일이라는 뜻인 것 같네.

높은 음조와 낮은 음조가 여전히 불화한다면 이것들의 조화를

이끌어낸다는 것은 불가능하기 때문일세. 조화는 화음이고 화

음은 일종의 화합인데, 불화하는 요소들은 불화하는 동안에

는 화합할 수 없으며, 따라서 조화를 이끌어낼 수 없다네. 예컨

대 리듬이란 것은 빠른 속도와 느린 속도가 애초에는 서로 불

c 화하다가 나중에 화합할 때 생겨나네. 아까 의술이 그랬듯이,

이들 여러 가지 대립되는 것 안에 사랑과 한마음을 심어줌으

로써 서로 화합하게 하는 것이 바로 음악일세. 따라서 음악은

간단히 말해 조화와 리듬에 미치는 사랑의 영향에 관한 지식

이라네. 사랑이 미치는 이런 영향들을 조화와 리듬의 구성 자체로 식별하기는 어렵지 않네. 거기에는 이중의 사랑[58]이 아직 존재하지 않기 때문이지. 그러나 새로운 멜로디를 만들어내는 작곡을 통해서든, 아니면 이미 작곡된 것을 올바로 연주하는 법을 가르치는 음악 교육을 통해서든, 리듬과 조화가 청중에게 끼치는 영향을 고려하는 경우에는 어려움이 있어 훌륭한 장인이 필요하네. 여기서 우리는 같은 결론으로 되돌아가네. 절제 있는 사람들이 느끼는 사랑이나 그런 사랑으로 더 절제 있게 될 수 있는 사람들이 느끼는 사랑은 권장되고 보호되어야 한다는 말일세. 그것은 우라니아[59] 무사에게 속하는 아름다운 천상의 에로스라네. 반면 범속한 사랑은 폴륌니아 무사에 속하는 사랑으로, 누구에게든 그것을 적용할 때는 그것을 즐기다가 방종에 빠지지 않도록 각별히 조심해야 하네. 그것은 마치 의술에서 산해진미를 즐기되 병에 걸리지 않도록 식욕을 조절

d

e

---

56 헤라클레이토스(Herakleitos)는 기원전 5세기 초에 활동한 소아시아 에페소스(Ephesos) 출신 그리스 철학자로, 그가 남긴 글은 난해하기로 유명하다.

57 헤라클레이토스 단편 51 Diels-Kranz. 여기서 '조화'란 현의 조율을 말한다.

58 좋은 사랑과 나쁜 사랑.

하는 것을 중요시하는 것과도 같다네. 따라서 우리는 음악에서도 의술에서도 인간적인 것이든 신적인 것이든 그 밖의 모든 분야에서도 이 두 종류의 에로스에 최대한 유념해야 하네. 두 종류의 에로스는 어디에나 있기 때문일세.

188a   한 해를 구성하는 계절들도 이 두 에로스로 가득 차 있네. 내가 조금 전에 언급한 요소들, 즉 뜨거운 것과 찬 것, 마른 것과 축축한 것이 절제 있는 에로스의 영향을 받으면, 그것들은 서로 조화를 이루며 적절하게 섞여 사람들과 다른 동물들과 식물들에게 번영과 건강을 가져다주고 아무런 해악도 끼치지 않는다네. 반면 난폭하고 잔인한 에로스가 계절을 지배하면 큰 파멸을 안겨주며 해악을 끼친다네. 그런 에로스는 식물과 b   동물들 사이에 역병과 여러 가지 질병을 일으키는가 하면 서리와 우박과 마름병을 불러오는데, 이 모든 것이 무절제하고 무질서한 에로스가 이른바 천문학의 연구 대상인 천체의 운행과 계절의 변화에 미치는 영향이기 때문이네.

게다가 온갖 제의(祭儀)와 예언술이 관여하는 모든 분야, c   다시 말해 신들과 인간들의 상호작용을 생각해보게. 여기서도 우리의 주된 관심사는 에로스일세. 우리는 건강한 에로스는 지키고 병든 에로스는 치유하려 하니 말일세. 모든 불경 행위는, 살아 계시든 돌아가셨든 부모님과 신들에 대한 우리의 모든 행위는 절제 있는 에로스의 인도를 받아야 하는데도, 우리가 절제 있는 에로스의 청은 무시하고 오히려 다른 에로스에게 존중과 경의를 표한 결과이기에 하는 말일세. 예언술이 하는 일은 이들 두 에로스를 감시하고 치유하는 것이네. 따라서 예언 d 술은 에로스가 정의와 경건에 미치는 영향을 알기에 신들과 인간들 사이에 좋은 관계가 유지되게 해준다네.

이렇듯 에로스 전체는 광범위하고 강력한 힘을 행사하며, 전능하다고 해도 과언이 아닐세. 그러나 지상에서든 천상에서

---

59 아홉 무사 여신 가운데 우라니아는 천문학을, 폴륌니아(Polymnia '수많은 찬가'라는 뜻)는 찬신가를 관장한다. 그녀의 이름에 들어 있는 '수많은'이란 말이 그녀를 '다수' '대중' '범속함'과 연관 지우는 것 같다.

아홉 무사(Mousa 복수형 Mousai 영어로는 Muse) 여신들은 제우스와 므네모쉬네(Mnemosyne '기억'이라는 뜻) 여신의 딸들로 시가(詩歌)와 학예(學藝)의 여신들이다. 그들의 수는 3명, 7명 또는 9명이라고 하는데 고전시대(古典時代 기원전 480~323년)에는 9명으로 정립되었다. 그들은 또 로마 시대 후기에는 각각 한 가지 기능을 맡게 되는데, 대체로 칼리오페(Kalliope)는 서사시(敍事詩)를, 클레이오(Kleio 라틴명 Clio)는 역사(歷史)를, 에우테르페(Euterpe)는 피리와 피리가 반주하는 서정시(敍情詩)를, 멜포메네(Melpomene)는 비극(悲劇)을, 테릅시코레(Terpsichore)는 가무(歌舞)를, 에라토(Erato)는 뤼라(lyra)와 뤼라가 반주하는 서정시 또는 연애시를, 폴륌니아(Polymnia 라틴명 Polyhymnia)는 찬신가(讚神歌)를 나중에는 무언극(無言劇)을, 우라니아(Ourania 라틴명 Urania)는 천문학(天文學)을, 탈레이아(Thaleia 라틴명 Thalia)는 희극(喜劇)과 목가(牧歌)를 관장하는 것으로 받아들여졌다.

든 좋은 일을 위해 절제 있고 정의롭게 구현되는 에로스야말
로 가장 강력하며 우리에게는 모든 행복의 원천이라네. 그런
에로스는 우리가 서로 사이좋게 지내게 해줄 뿐 아니라 우리
e   보다 더 강력한 신들과도 친구가 되게 해준다네.

  내가 에로스를 찬미하면서 빠뜨린 것이 아마 한두 가지가
아니겠지만, 일부러 그런 것은 아닐세. 내가 빠뜨린 것이 있다
면, 그것을 보충하는 것은 자네 몫일세, 아리스토파네스! 혹
시 어떤 다른 방법으로 에로스 신을 찬미할 작정이라면 찬미
하게나. 자네 딸꾹질도 멎었으니 말일세."

189a   아리스토데모스에 따르면, 아리스토파네스가 이어받아
다음과 같이 말했대. "딸꾹질이 완전히 멎긴 했지만, 재채기
요법을 쓰기 전에는 멎지 않더군. 그래서 나는 혹시 내 몸의 절
제 있는 부분이 재채기에 포함된 소음과 간지럼을 요구하는
것이 아닌지 놀랐다네. 내가 재채기 요법을 쓰는 순간 딸꾹질
이 멎었으니 말일세."

  그러자 에뤽시마코스가 말했대. "여보게 아리스토파네스,
자네가 무슨 짓을 하고 있는지 생각해보게. 이야기를 시작하기
b   전에 농담부터 하니, 조용히 이야기를 나눌 수 있으면 우스갯
소리나 하지 않을지 자네 하는 말을 내가 감시하지 않을 수 없

게 생겼단 말일세."

아리스토파네스는 웃으며 대꾸했대. "자네 말이 옳아, 에뤽시마코스. 내가 말한 것들은 말하지 않은 것으로 치세. 그리고 내가 하는 말은 감시하지 않아도 되네. 나는 내가 우스갯소리를 하게 될까—그것은 일종의 보너스이고 나의 무사 여신에게는 자연스러운 것이니까—염려스러운 것이 아니라, 웃음거리가 될 말을 하게 될까 염려스러우니 말일세."

에뤽시마코스가 말했대. "아리스토파네스, 자네는 내게 화살을 쏘고도 도망칠 수 있을 것이라고 생각하는군. 자네는 정신 차리고 자네가 변호할 수 있는 말만 하게. 그러면 내가 자네를 놓아줄 수도 있으니까 말일세."

그러자 아리스토파네스가 말했대. "에뤽시마코스, 아닌게 아니라 나는 자네나 파우사니아스와는 좀 다른 방법으로 말해볼 참이네. 인간들은 에로스가 얼마나 능력 있는지 아는데 완전히 실패한 것 같아. 그것을 안다면 인간들은 그분을 위해 가장 규모가 큰 신전과 제단을 지어드리고 가장 성대한 제사를 지내드렸을 텐데, 지금 그분을 위해 그런 일은 전혀 일어나지 않으니까. 그분이야말로 다른 어느 신보다 그런 것들을 받을 자격이 있는데 말일세. 그분은 신들 가운데 인간들에게 가장 호의를 베푸시고, 그 치유가 곧 인류에게 최고의 행복이 될 수밖에 없는 병들을 고쳐주시니 말일세. 그분이 얼마나 능력 있는지 내가 자네들에게 설명해볼 테니 자네들은 다른 사람들에게 가르쳐주게.

자네들은 먼저 인간의 본성이 처음에 어떠했으며 어떤 변화를 겪었는지 알아야 하네. 옛날에는 우리들의 본성이 지금과 같지 않고 판이했다네. 처음에 인간의 성(性)은 셋이었고 지금처럼 남성과 여성 이렇게 두 성만 있었던 것이 아닐세. 이 두 성의 결합체인 세 번째 성도 있었는데, 지금은 이름으로만 남아 있고 그 자체는 사라져버렸네. 당시에는 남녀추니가 이름으로만 존재하는 것이 아니라 남성과 여성을 다 갖춘 실체로 존재했으니 말일세. 비록 지금은 이름만 남아 욕설로 쓰이고 있지만.[60]

둘째, 각자의 형태는 등과 옆구리가 둥글어 완전한 원형을 이루고 있었네. 그들에게는 각각 네 개의 팔과 같은 수의 다리가 있었고, 원통형의 목 위에는 모든 점에서 닮은 두 개의 얼굴이 자리 잡고 있었네. 서로 다른 방향을 향하고 있는 두 얼굴 사이에 머리 하나가 있었네. 귀는 넷이고, 생식기는 둘이며, 몸의 나머지 부위도 앞서 말한 것에서 유추할 수 있게끔 배열되어 있었네. 그들은 지금 우리처럼 똑바로 서서 어느 쪽으로든 원하는 방향으로 걸어갔고, 달리기 시작할 때는 당시 갖고 있던 여덟 개의 팔다리로 땅바닥을 디디며 재빨리 빙글빙글 굴러갔는데, 마치 곡예사가 두 다리를 쫙 펴고는 빙빙 돌며 옆으로 재주넘기를 할 때와도 같았네.

그들의 성이 세 종류로 나뉘고 세 종류가 그러했던 까닭 b 은, 남성은 원래 해에서 태어났고, 여성은 대지에서 태어났으며, 남녀추니는 달에서 태어났기 때문일세. 달은 해와 대지에 모두 관여하니까. 그들의 몸이 둥글고 그들이 회전운동을 하는 것은 그들이 부모를 닮았기 때문이네. 그들은 힘과 정력이 엄청난 데다 자부심이 대단하여 신들마저 공격하려 했네. 호메로스는 에피알테스와 오토스[61]가 신들을 공격하려고 하늘에 오르려 했다고 말하는데,[62] 이는 사실 그들을 두고 하는 말일세. 그래서 제우스와 다른 신들은 그들을 어떻게 처리해야 c 할지 논의했으나 별로 뾰족한 수가 없었네. 기가스[63]족을 벼락

---

60 남녀추니 또는 어지자지라는 말은 겁쟁이라는 뜻으로도 쓰였다.

61 에피알테스(Ephialtes)와 오토스(Otos)는 알로에우스(Aloeus)의 거한 (巨漢) 아들들로, 올륌포스(Olympos) 산에 올라 신들을 공격하려다 제 우스(Zeus)의 벼락에 맞아 죽는다.

62 『일리아스』 5권 385행 이하, 『오뒷세이아』(Odysseia) 11권 305행 이하 참조.

으로 쓸어버렸듯이 신들은 이들 인간 종족을 죽일 수도 없었고―그랬다가는 인간 종족이 신들에게 바치는 경의와 제물도 함께 사라져버릴 테니까―이들의 방종을 묵인할 수도 없었기 때문이네. 제우스께서 장고 끝에 다음과 같이 말씀하셨네. '인간들이 계속 살아남아 있되 못된 짓을 더는 못하도록 그들을 약하게 만들 방도가 있는 것 같소. 지금 나는 인간들 각자를 두 쪽으로 나눌 것인즉, 그렇게 되면 그들은 지금보다 더 약해질 뿐 아니라 수가 늘어나 우리에게는 더 쓸모 있게 될 것이오. 그리고 그들은 두 다리로 직립보행하게 될 것이오. 그러나 여전히 방종을 일삼으며 얌전하게 굴지 않는다 싶으면 나는 다시 그들 각자를 두 쪽으로 나눌 것인즉, 그렇게 되면 그들은 한 발로 깡충깡충 뛰며 돌아다니게 될 것이오.'

d

이렇게 말씀하시고 제우스께서 인간들 각자를 두 쪽으로 나누니, 마치 사람들이 저장하기 전에 마가목 열매를 자르거나 머리카락으로 달걀[64]을 자를 때와도 같았네. 제우스께서는 그들 각자를 자르고 나서 아폴론을 시켜 얼굴과 목의 반쪽을 잘린 쪽으로 돌려놓게 했으니, 인간들이 자신의 잘린 모습을 보고 앞으로는 좀더 절도 있게 행동하도록 하기 위해서였네. 그 밖에도 그분께서는 아폴론을 시켜 인간들을 치료하게 하셨네. 그러자 아폴론이 얼굴을 돌려놓고는 주머니를 마치 끈으로

e

졸라매듯, 지금은 배〔腹〕라고 불리는 부위로 주위 살갗을 끌어당겨 그 한가운데에 주둥이 하나를 내고 한데 묶었는데, 이 주둥이가 바로 우리가 배꼽이라 부르는 것이라네. 아폴론은 갖바치가 구두 틀 위에 가죽을 대고 주름을 펼 때 쓰는 것과 같은 연장으로 대부분의 주름을 펴서 가슴을 만들며 배와 배꼽 주위에는 주름을 약간 남겨놓았는데, 우리가 전에 어떤 일을 당했는지 상기시키기 위해서였지.

그들의 본래 모습이 둘로 잘리자 각각의 반쪽은 다른 반쪽을 그리워하며 만나려 했네. 그래서 그들은 서로 부둥켜안고 한 몸이 되기를 원했고, 서로 떨어져서는 아무것도 하려 하

63 기가스(Gigas 복수형 Gigantes)족은 우라노스가 아들 크로노스에 의해 남근이 잘릴 때 그 피가 대지에 쏟아져 잉태된 거한들로, 신과 인간이 동시에 공격해야만 죽일 수 있었다. 이 가운데 몇 명은 지상에 있는 한 죽일 수 없었다고 한다. 엄청나게 힘이 센 데다 다리가 거대한 뱀으로 되어 있는 이 털북숭이 괴물들은, 제우스가 티탄 신족을 10년 전쟁 끝에 지하 감옥 타르타로스(Tartaros)에 가두자 티탄 신족의 어머니인 대지의 여신이 이를 원망하여 제우스를 혼내주려고 낳은 자식들이다. 이들에 관한 전설은 주로 이들이 올륌포스 신들과 치른 전쟁(gigantomachia)과 관련이 있다. 올륌포스 신들은 처음에는 이들에게 고전했으나, 제우스와 아테나(Athena)의 분전과 헤라클레스(Herakles)의 협력 덕분에 이들을 제압하는 데 성공한다.

64 삶은 달걀. 제우스에게는 조금도 힘든 일이 아니었다는 뜻이다.

b 지 않았기에 결국 굶어 죽거나 무기력해져서 죽어가기 시작했네. 또한 두 반쪽 가운데 어느 하나가 반쪽을 남기고 죽으면 남은 반쪽은 또 다른 반쪽을 찾아내어 부둥켜안았는데, 자기가 만난 것이 전체가 여자였던 것의 반쪽(이것을 우리는 지금 여자라고 부르네)인지 아니면 전체가 남자였던 것의 반쪽인지는 개의치 않았네. 그렇게 그들은 멸망해가고 있었네.

그러자 제우스께서 그들을 불쌍히 여겨 다른 방도를 강구했으니, 그들의 음부를 앞으로 옮겨놓았던 것이네. 그때까지 그들은 음부도 바깥쪽에 있었으며, 서로 교합하여 씨를 뿌
c 리고 자식을 낳는 게 아니라 매미[65]처럼 땅속에 씨를 뿌렸으니 말일세. 그래서 제우스께서는 음부를 앞으로 옮겨놓아 남자에 의해 여자의 몸속에서 생식이 가능하도록 만드신 것이지. 이는 남자가 여자를 만나 포옹하면 자식을 낳아 종족을 유지할 수 있게 하고, 남자가 남자와 포옹하면 성욕이라도 충족시킴으로써 숨을 돌린 뒤 하던 일로 되돌아가고 다른 삶을 돌볼 수
d 있게 하려는 것이지. 그래서 인간들은 먼 옛날부터 서로 사랑하고 싶어 하는데, 이는 모든 인간에 내재하는 사랑이 둘을 하나로 만들고 인간의 상처를 치유함으로써 인간이 본성을 되찾게 해주기 때문이지.

이렇듯 우리 각자는 넙치처럼 잘려 하나가 둘이 된 만큼

온전했던 한 인간의 부절(符節)이며, 그래서 저마다 늘 자신의
부절을 찾는 것이라네. 그런데 남자들 중 그때 남녀추니라고
불렸던 양성 결합체에서 잘려나온 자들은 여자를 밝히며, 간
통하는 남자들은 대부분 이 족속 출신이라네. 마찬가지로 남
자를 밝혀 간통하는 여인들도 이 족속 출신이지. 그러나 여자   e
에게서 잘려나온 여자들은 남자들에게는 별로 관심이 없고 오
히려 여자들에게로 마음이 쏠리는데, 여성 동성애자들은 이
족속 출신이네.

반면 남자에게서 잘려나온 남자들은 남성 지향적이네. 그
들은 소년일 동안에는 남자의 토막인 만큼 남자가 좋아 남자
들과 동침하고 남자들에게 안기기를 즐긴다네. 이들이야말로
타고난 본성이 가장 남성적인 만큼 가장 훌륭한 청소년들일세.   192a
어떤 사람들은 그들이 파렴치하다고 말하지만 그건 사실이 아
니라네. 그들이 그러는 이유는 자신들의 동류(同類)를 반기는
만큼 파렴치해서가 아니라, 대담하고 용감하고 남성적이기 때
문일세. 그 유력한 증거로, 이런 소년들만이 장성했을 때 진정
한 정치가가 된다는 사실을 들 수 있네. 성년이 되면 그들은 연
동의 연인이 되고 결혼과 출산에는 본성적으로 관심이 없으며,   b

---

65 땅속에 씨 뿌리는 다른 곤충과 매미를 혼동한 듯하다.

다만 관습의 강요에 따라 그렇게 할 뿐이라네. 그들은 평생 결혼하지 않고 동거하는 것으로 만족한다네. 그런 사람은 언제나 동류를 반기는 만큼 연동을 사랑하는 연인이 되고 연인을 사랑하는 연동이 될 것이네.

소년을 사랑하는 연인이든 그 밖의 어느 누구든 자신의 반쪽을 만나게 되면 놀라운 일이 벌어지는데, 그 순간 이 한 쌍은 호감과 친근감과 애정에 압도된 나머지 말하자면 한순간도 서로 떨어져 있고 싶어 하지 않는다네. 그래서 그들은 평생을 함께하지만 자기가 상대방에게 무엇을 바라는지 설명하지 못한다네. 그들이 바라는 것은 성생활뿐이라고, 단지 성생활 때문에 각자가 상대방과 함께하기를 그토록 열망하는 것이라고는 아무도 생각하지 않을 것이네. 각자의 혼은 분명 뭔가 다른 것을 원하지만 표현하지는 못하고, 원하는 바를 어렴풋이 예감하며 수수께끼 같은 말을 하는 것이라네. 그들이 함께 누워 있을 때 헤파이스토스[66]가 그들을 굽어보고 자신의 연장들[67]을 가리키며 '인간들이여, 너희가 서로에게서 원하는 게 무엇인가?' 하고 묻는다고 가정해보게. 그들이 대답하지 못하자 헤파이스토스가 다시 '밤에도 낮에도 서로 떨어지지 않고 최대한 함께하는 것이 너희가 원하는 바냐? 그게 너희가 원하는 바라면 내가 너희를 녹여 하나로 접합해주마. 너희가 살아 있는 동안에는 둘이 하나가 되어 하나의 개체로서 하나의 삶을 살 다가, 죽게 되면 하나의 죽음을 죽어 저승에 가서도 둘이 아 닌 하나가 되도록 말이다. 이것이 너희가 진심으로 원하는 바 인지, 그렇게만 되면 너희가 만족하겠는지 살펴보도록 하라' 고 말한다고 가정해보게. 이런 제의를 듣고도 거절하거나 다 른 것을 원하는 것으로 밝혀질 사람은 분명 아무도 없을 걸세. 간단히 말해 각자는 자기가 그동안 늘 원하던 바를 제의받았 다고 생각할 것이네. 자기가 사랑하는 사람과 하나로 결합되 고 용해되어 둘이 하나가 되는 것 말일세. 그 이유는 내가 앞서 말했듯이, 우리는 본래 온전한 전체였기 때문이네. 그리고 '사 193a

---

66 헤파이스토스(Hephaistos)는 불과 대장장이의 신이다. 그는 뛰어난 솜 씨로 숱한 걸작품을 만들었는데, 그중에서도 ①테티스의 부탁으로 만 든 아킬레우스의 무구들, 특히 방패(『일리아스』 18권 478행 이하 참 조), ②아프로디테와 아레스가 밀애를 즐기다가 갇힌 그물(『오뒷세 이아』 8권 274행 이하 참조), ③신들의 청동 저택들(『일리아스』 1권 606행, 14권 166, 388행 참조), ④황금으로 만든 소녀들(『일리아스』 18행 417행 이하 참조), ⑤알키노오스 왕의 궁전을 수호하는 개들(『오 뒷세이아』 7권 92행 이하 참조), ⑥제우스의 아이기스(『일리아스』 15권 309행 참조) 등이 특히 유명하다. 헤시오도스에 따르면, 제우스의 명령에 따라 최초의 여인 판도라(Pandora)를 만든 것도 헤파이스토스이 다(『신들의 계보』 571행 이하; 『일과 날』 60행 이하 참조).

67 모루, 풀무, 부젓가락, 망치 따위.

SYMPOSION

067

랑'이란 전체가 되고 싶어 하는 우리의 욕망에 붙여진 이름이라네.

내가 말했듯이, 우리는 전에는 하나였지만 지금은 죄를 지어 신에 의해 흩어져 살고 있네. 마치 아르카디아인들이 라케다이몬인들에 의해 흩어져 살듯이 말일세.[68] 그러니 우리가 신들에게 얌전하게 굴지 않으면 다시 반쪽으로 쪼개져 비석에 부조(浮彫)된 형상들처럼 코를 중심으로 잘려서는 마치 부절로 쓰기 위해 반쪽으로 나뉜 주사위[69] 꼴이 되어 헤매고 다니게 되지 않을까 두렵네. 그래서 우리는 매사에 신에게 경의를 표하도록 모든 사람을 격려해야 하네. 우리가 에로스의 지도와 지휘를 받아 그런 운명을 피하고 다시 온전한 전체가 되도록 말일세. 아무도 에로스에게 대항해서는 안 되며, 에로스에게 대항하는 자는 누구든 신들에게 미움받기 마련이네. 우리가 그분과 친구가 되고 화해한다면 평생 사랑할 상대를 찾아 만나게 될 텐데, 그것은 요즘 세상에는 드문 일일세. 에뤽시마코스는 내가 파우사니아스와 아가톤을 염두에 두고 이런 말을 한다고 여기고 내가 한 말을 우스갯소리로 만들지 말게. 그 두 사람은 어쩌면 소수의 행운아에 속하고 본성적으로 남자일 수도 있겠지. 그러나 나는 남녀 불문하고 모든 인간에 대해 말하고 있는 것이라네. 내가 말하고자 하는 바는 인류가 행복해지려면 우리가 완전한 사랑을 찾아내고 저마다 평생 사랑할 상대를 만나 본래의 상태를 회복하는 길밖에 없다는 것이네. 그것이 우리의 이상이라면, 그 이상에 되도록 가까이 다가가는 것이 현재 상황에서는 당연히 최선의 선택이 될 텐데, 그것은 바로 마음에 꼭 드는 연동을 만나는 것일세. 그리고 그런 연동을 만나게 해주는 신을 찬미해야 한다면 우리는 당연히 에로스를 찬미해야 할 것이네. 그분께서는 현재에도 우리를 우리 에게 속하는 것으로 인도함으로써 우리에게 가장 큰 덕을 베풀실 뿐 아니라, 미래에도 우리가 신들을 경배하면 그분께서는 우리가 원래 상태를 회복하게 해주시고 우리를 치유하여 지복(至福)을 누릴 수 있게 해주시리라는 희망을 가져다주시기 때문이네."

"에뤽시마코스, 이것이" 하고 아리스토파네스가 말을 이

68 기원전 385년 스파르테인들은 아르카디아(Arkadia) 지방의 만티네이 아(Mantineia) 시를 파괴하고 그곳 주민들이 뿔뿔이 흩어져 살게 했는데, 만약 아리스토파네스가 이 사건을 언급하는 것이라면 이는 일종의 착오이다. 아가톤의 집에서 축하 잔치기 벌어진 것은 그보다 이른 기원전 416년이기 때문이다.
69 주사위는 부절로 사용되기도 했다.

었다네. "에로스에 관한 내 발언일세. 자네 발언과 다르긴 하지. 아까 부탁했듯이, 자네는 내 발언을 웃음거리로 만들지 말아주게. 우리는 남은 사람들이—그보다는 두 사람이라고 해야겠지. 아가톤과 소크라테스 선생님만 남았으니까—저마다 무슨 말을 하는지 들어보고 싶으니까 말일세."

아리스토데모스에 따르면, 그러자 에뤽시마코스가 말했대. "자네 시키는 대로 하지. 그리고 자네 발언은 듣기 좋았다네. 사실 소크라테스 선생님과 아가톤이 사랑에 관한 한 전문가라는 점을 몰랐다면, 이미 다양한 발언이 나왔기에 나는 두 분은 할 말이 궁하지 않을까 염려했을 것이네. 하지만 나는 지금 그 점은 조금도 염려하지 않는다네."

그러자 소크라테스 선생님께서 말씀하셨대. "에뤽시마코스, 자네는 경연을 성공적으로 치렀으니 그런 말을 할 수 있겠지. 하지만 자네가 내 처지라면, 그보다는 아가톤마저 훌륭하게 발언한 뒤 아마도 내가 놓이게 될 상황을 만난다면, 자네는 지금 내가 그러하듯 두려움과 절망에서 헤어나지 못할 것이네."

아가톤이 말했대. "소크라테스 선생님, 선생님께서는 내게 마법을 걸려고 하시는군요. 내가 말을 잘할 것으로 청중이 큰 기대를 걸고 있다고 생각함으로써 내가 당황하도록 말예요."

소크라테스 선생님께서 말씀하셨대. "아가톤, 나는 자네가 용감하고 자신만만하게 배우들을 데리고 무대 위로 걸어 올라가[70] 그토록 많은 관객을 똑바로 응시하는 것을 보았거늘, 자기 작품의 공연을 앞두고도 전혀 동요하지 않던 자네가 몇 안 되는 우리 때문에 당황할 것이라고 생각한다면 나야말로 건망증이 심한 사람이겠지." b

다시 아가톤이 말했대. "무슨 말씀이세요, 소크라테스 선생님? 설마 선생님께서는 분별 있는 사람에게는 무지한 다수보다 소수의 지성인이 더 무섭다는 사실도 모를 만큼 내 머리가 극장 일로 가득 차 있다고 생각하시는 것은 아니겠지요?"

그러자 소크라테스 선생님께서 말씀하셨대. "아가톤, 자네를 세련되지 못한 사람이라고 생각한다면 내가 잘못 생각하고 있는 것이겠지. 자네가 지혜롭다고 여기는 소수를 만나게 되면 일반 대중보다 그들에게 더 신경 쓸 것이라는 점은 나도 잘 알고 있네. 하지만 우리는 지혜로운 소수에 속하지 않는 것 같네. 우리도 극장에서는 일반 대중의 일부였으니 말일세. 그러나 자네가 지혜로운 사람들과 함께 있다고 가정한다면, 자 c

---

70 공연을 앞두고 관객들에게 배우들을 소개하기 위해서.

네는 그들이 보는 앞에서 부끄러운 짓을 하는 것이 창피할 걸세. 그렇지 않은가?"

"옳은 말씀이에요"라고 아가톤이 말했대.

"그럼 자네가 부끄러운 짓을 일반 대중이 보는 앞에서 하는 것은 창피하지 않고?"

d 아리스토데모스에 따르면, 그때 파이드로스가 끼어들었다네. "이보게, 아가톤. 자네가 소크라테스 선생님의 질문에 자꾸 대답하면, 선생님께서는 지금 우리가 하고 있는 일이야 어떻게 되든 전혀 상관하지 않으실 것이네. 대화할 상대가 있고, 특히 그 상대가 미남일 경우에는 말일세. 나는 소크라테스 선생님의 대화를 듣기 좋아하지만, 지금 내가 할 일은 우리가 에로스를 찬미하도록 감독하고, 자네들 각자에게서 연설 형태로 기부를 받는 것이네. 그러니 두 분은 이런 대화에 앞서 저마다 신에게 기부부터 해야 할 거예요."

e 그러자 아가톤이 말했대. "옳은 말일세, 파이드로스. 내가 발언하지 못할 아무런 이유가 없구먼. 소크라테스 선생님과는 다음에도 대화할 기회가 많을 테니까.

먼저 나는 내가 어떻게 발언할 것인지 말하고 나서, 그다음에 발언하겠네. 나보다 먼저 발언한 이들은 신을 찬미하는 것이 아니라, 신께서 베푸시는 혜택들 때문에 인간들의 행복을 축하하고 있는 것 같네. 그런 혜택을 베푸는 분이 어떤 분인지에 관해서는 아무도 말하지 않았네. 누구를 어떻게 찬미하든 올바로 찬미하는 방법은 하나밖에 없는데, 그것은 찬미의 대상이 어떤 성격의 소유자이며 어떤 혜택을 베풀 수 있는지 말로 설명하는 것이라네. 따라서 에로스의 경우에도 우리가 먼저 그분의 성격을 찬미하고, 그런 다음 그분께서 주시는 선물들을 찬미하는 것이 옳을 걸세.

이런 말을 해도 괜찮고 신들의 노여움을 사지 않는다면, 나는 신들은 모두 행복하지만 그중에서도 에로스야말로 가장 행복하다고 주장하는 바일세. 그분은 가장 아름답고 가장 훌륭하니까. 그분이 어떤 분이기에 가장 아름다운지 설명하겠네. 첫째, 그분은 신들 가운데 가장 젊은 분이네, 파이드로스. 나의 이런 주장에 그분 자신이 유력한 증거를 제공하고 있네. 노년은 너무나 빨리 우리에게 다가오는 만큼 걸음이 잰 것이 분명한데도 그분은 노년에게서 도망쳐 달아나니 말일세. 에로스는 본성상 노년을 싫어하여 노년에 가까이 다가가지 않으며, 언제나 젊은이들과 함께하고 그분 자신도 젊다네. 유유상종이라는 옛말이 맞는 거지. 나는 파이드로스의 주장에 대체로 동의하지만 에로스가 크로노스와 이아페토스[71] 보다 더 오래됐다는 주장에는 동의하지 않네. 오히려 나는 에로스가 신들 가운데 가장 젊으며 늘 젊다고 주장하네. 나는 또한 헤시오도스와 파르메니데스[72]가 신들에 관해 전하는 옛일들은 에로스가 아니라 아낭케[73]에 의해 일어난 것이라고 주장하네. 그들이 전하는 것이 사실이라면 말일세. 만약 신들 사이에 에로스가 있었다면 서로 거세(去勢)하고 서로 결박하는 따위의 난폭 행위는 일어나지 않았을 테니까. 오히려 그곳에는 지금처럼 그리고 에로스가 신들의 왕이 된 이후로 그랬듯이 우애와 평화가 지배했겠지. 그

d 런데 그분은 젊고, 젊은 데다 부드럽기까지 하다네. 그 신이 얼마나 부드러운지 드러내 보이려면 호메로스 같은 시인이 필요하겠지. 호메로스는 다음 시행들에서 아테[74]가 여신이며 부드럽다고, 아무튼 그녀의 발이 가볍고 부드럽다고 말하고 있네.

그녀는 발이 가볍고 부드러워 결코 땅을 밟는 일 없이,
사람들의 머리를 밟고 다닌다네.[75]

내 생각에 호메로스는 아테가 무언가를 딱딱하게 밟지 않고 부드럽게 밟는다는 것을 증거로 제시함으로써 그녀가 얼마나 부드러운지 잘 표현한 것 같네. 나는 같은 증거를 이용하여

e 에로스가 부드럽다는 것을 증명해보겠네. 그분은 땅을 밟지도 않고 두개골을 — 사실 두개골은 별로 부드럽지도 않지 — 밟지

도 않으며, 세상에서 가장 부드러운 것들 속을 거닐며 그 속에 산다네. 그분은 신과 인간들의 성격과 혼에 거처하되 아무 혼에나 가리지 않고 거처하는 것이 아니라, 성격이 딱딱한 혼을 만나면 떠나가고, 성격이 부드러운 혼을 만나면 그곳에 거처를 정한다네. 이렇듯 그분은 가장 부드러운 것 속에 있는 가장 부드러운 것과 발뿐만 아니라 온몸으로 접촉하니 자신도 가장 부드러울 수밖에 없는 것이라네.

그래서 그분은 가장 젊고 가장 부드러우며, 게다가 형체가 유연하다네. 그분이 딱딱하다면 자신의 환경에 완전히 적응하지 못할뿐더러, 우리도 모르게 혼 안으로 들어갔다가 도로 빠져나올 수도 없을 테니 말일세. 게다가 그분의 형체가 균형 잡히고 유연하다는 것은 그분의 우아한 모습에 의해 충분히 입 196a

---

71 크로노스와 이아페토스(Iapetos)는 우라노스와 가이아 사이에서 태어난 티탄 신족에 속하는 신들인데, 전자는 제우스의 아버지이고 후자는 프로메테우스(Prometheus)의 아버지이다.

72 『신들의 계보』 176행 이하, 746행 이하 참조. 이른바 '소크라테스 이전 철학자들' 가운데 한 명인 파르메니데스의 현존하는 단편들에는 그런 이야기가 없다.

73 Ananke. '필연'(必然)으로 번역할 수 있다.

74 아테(Ate)는 미망(迷妄)의 여신이다.

75 『일리아스』 19권 92~93행.

증되는데, 누구나 인정하듯 우아함은 에로스의 가장 두드러진 특징일세. 그래서 우아하지 못한 것과 에로스 사이에는 늘 전쟁이 벌어지는 것이라네. 그분의 혈색이 좋으리라는 것은 그분이 꽃들 속에서 산다는 사실을 보면 알 수 있네. 에로스는 몸이든 혼이든 그 밖에 다른 것이든 꽃이 없거나 꽃이 진 것에는 앉지 않고, 꽃이 만발한 향기로운 곳이면 어디에나 앉아 머무르니 말일세.

b

미흡한 점이 많지만 에로스 신의 아름다움에 관해서는 이쯤 하고, 그분의 미덕에 관해 말해야 할 차례네. 가장 중요한 것은 에로스는 신이든 인간이든 어느 누구에게도 불의를 행하지도 않고, 어느 누구로부터 불의를 당하지도 않는다는 점이네. 강압과 에로스는 양립할 수 없기에, 그분이 당할 경우 강압적으로 당하지 않고, 행할 경우 강압적으로 행하지 않기 때문이네. 누구나 다 에로스가 시키는 것이면 무엇이든 기꺼이 행하고, 양쪽이 기꺼이 동의한 것은 정의롭다고 '국가의 왕인 법'[76]이 말하니 말일세.

c

에로스는 정의뿐 아니라 절제에도 누구보다 많이 관여한다네. 쾌락과 욕망을 통제하는 것이 절제인데, 그 어떤 쾌락도 에로스보다 강하지 않다고 누구나 다 동의하니 말일세. 그러니 만약 쾌락들이 더 약하다면, 에로스에 제압되어 에로스가 쾌락들을 지배할 것이네. 마찬가지로 에로스는 쾌락과 욕망들을 지배하기에 남달리 자제력이 강하다고 할 수 있을 것이네. 게다가 용기에서는 에로스에게 '아레스조차 대항하지 못한다   d 네.'[77] 에로스가 아레스에게 사로잡히는 것이 아니라, 아레스가 에로스에게 — 전하는 이야기에 따르면 아프로디테에 속한 에로스에게 —사로잡히는데,[78] 사로잡는 자가 사로잡히는 자보다 더 강하니 말일세. 그렇다면 세상에서 가장 용감한 자를 제압하는 에로스야말로 세상에서 가장 용감한 분이네.

에로스의 정의, 절제, 용기에 관해 말했으니, 이제는 그분의 지혜에 관해 말하는 일이 남아 있네. 이에 관해 나는 빠짐없이 다 말하도록 최선을 다해야겠지. 먼저, 에뤽시마코스가 자신의 기술에 경의를 표했듯이[79] 나도 내 기술에 경의를 표하기   e

---

76   hoi poleos basiles nomoi. 소피스트 고르기아스(Gorgias)의 제자로 수사학자인 알키다마스(Alkidamas)가 한 말이라고 한다. 아리스토텔레스, 『수사학』(Techne rhetorike) 1406a 17~23 참조.

77   소포클레스(Sophokles), 『튀에스테스』(Thyestes) 단편 235 Nauck2. "필연에는 아레스조차 대항하지 못한다"는 구절에서 아가톤이 필연을 에로스로 대치하고 있다. 아레스(Ares)는 전쟁의 신이다.

78   『오뒷세이아』 8권 266~366행 참조. 아레스는 헤파이스토스의 아내 아프로디테에게 반해 밀애를 즐기다가 현장에서 붙잡힌다.

79   186b 참조.

위해, 에로스가 남까지 시인으로 만들 수 있을 만큼 지혜로운 시인이라는 점을 지적해두겠네. 에로스의 손길이 닿은 자는 '전에는 예술과는 거리가 먼 자라도'[80] 모두 시인이 되니 말일세. 거두절미하고, 우리는 이 점을 에로스야말로 모든 예술 창작 분야에 능한 시인이라는 증거로 삼아도 될 것이네. 어느 누구도 자기가 갖고 있지 않거나 알고 있지 않은 것을 남에게 주거나 가르칠 수 없는 법이니까.

197a또한 모든 생물의 생산과 관련하여, 모든 생물이 태어나 자라는 것이 에로스의 지혜 덕분이라는 것을 누가 부인할 수 있겠는가? 다른 기술이나 전문지식과 관련해서도 우리는 에로스의 제자는 유명해지고 빛을 보지만, 에로스의 손길이 닿지 않은 자는 무명으로 끝난다는 것을 알고 있지 않은가? 궁술과 의술과 예언술은 아폴론이 발견했지만 욕망과 사랑의 인도를 받은 만큼, 따지고 보면 에로스의 제자일세. 마찬가지로 에로스한테서 무사 여신들[81]은 음악을, 헤파이스토스는 대장장이 기술을, 아테나는 직조 기술을, 제우스께서는 '신과 인간을 조종하는 기술'[82]을 배우셨네. 이로 미루어 신들이 하는 일이 질서정연해진 것은 분명 신들 사이에 에로스가, 바꿔 말해 아름다움에 대한 사랑이 ― 아름다움은 추함과는 무관하니까 ― 태어난 이후의 일이네. 그전에는, 내가 첫머리에서 말했듯이,

아낭케가 지배한 까닭에 신들 사이에 끔찍한 일이 많이 일어 났다고 시인들은 전하고 있네. 그러나 이 신이 태어난 뒤로는 아름다운 것들을 사랑하게 되어 신과 인간들에게 온갖 좋은 일이 일어나기 시작했네.

파이드로스, 에로스에 대한 내 생각은 다음과 같네. 첫째, c 에로스는 스스로 가장 아름답고 가장 훌륭하며, 둘째, 누군가 그런 자질을 갖고 있다면 그것은 에로스 덕분이라는 것이네. 그래서 나는 갑자기 운문으로 무엇인가를 말하고 싶은 충동을 느낀다네. 그분은 다음과 같은 것을 준다고 말일세.

인간들 사이에 평화를, 바다에는 바람 한 점 없는 잔잔함을, 바람에는 휴식을, 근심에 시달리는 자에게는 단잠을.

그분은 사람들이 지금 우리처럼 함께 모이게 함으로써 그 d 리고 합창가무단이 춤추는 축제 때와 제물을 바칠 때 길라잡 이 노릇을 함으로써 우리가 서로 서먹서먹해하지 않고 친근감

---

80 에우리피데스, 『스데네보이아』(*Stheneboia*) 단편 663 Nauck2.
81 Mousai. 단수형 Mousa.
82 출전은 알려져 있지 않다.

을 느끼게 해준다네. 그분은 또한 호의는 잘 베풀지만 악의는 품지 않는다네. 자비롭고 선하며, 현자에게는 볼거리이고 신들에게는 찬탄의 대상일세. 그분을 나누어 받지 못한 자들에게는 선망의 대상이고, 그분을 넉넉히 나누어 받은 자들에게는 바람직한 재산이라네. 그분은 또한 사치, 풍요, 화사함, 갈망, 동경의 아버지이며, 훌륭한 사람들은 돌보되 나쁜 사람들

e 은 돌보지 않는다네. 괴로울 때, 두려울 때, 그리울 때, 말할 때 그분은 가장 믿음직한 키잡이요 보호자요 전우요 구원자라네. 그분은 모든 신과 인간의 장식이자 가장 아름답고 가장 훌륭한 길라잡이인 만큼, 모두들 그분이 모든 신과 인간의 생각을 홀리기 위해 부르는 노래를 고운 목소리로 따라 부르며 그분의 뒤를 따라야 하네.

파이드로스, 이것이 내가 에로스에게 바치는 찬사인데, 재미와 진지함을 적절히 섞어보려고 나름대로 최선을 다했네." 아가톤이 말을 끝맺었네.

198a 아리스토데모스에 따르면, 아가톤이 말을 마치자 참석자들은 젊은이가 자신에게도 신에게도 어울리는 말을 했다고 여기고 모두들 박수갈채를 보냈대. 그러자 소크라테스 선생님께서 에뤽시마코스 쪽을 바라보며 말씀하셨대. "아쿠메노스

의 아들이여, 이래도 자네는 내가 아까 염려했던 바를 쓸데없는 걱정이라고 할 텐가? 아가톤이 놀랍도록 말을 잘해서 내가 할 말이 궁할 것이라고 내가 조금 전에 예언자처럼 맞히지 않던가?"

그러자 에뤽시마코스가 대답했대. "선생님께서 말씀하신 것 가운데 그가 말을 잘할 것이라는 점은 예언자처럼 맞히셨지만, 선생님께서 할 말이 궁하실 것이라는 데에는 동의할 수 없어요."

소크라테스 선생님께서 말씀하셨대. "이것 보게, 이렇게 b 구색을 갖춘 아름다운 연설을 들은 뒤에 말을 해야 한다면 나는 물론이고 세상에 어느 누구든 할 말이 궁하지 않겠는가? 그가 한 연설의 다른 부분은 그 정도로 놀랍지는 않았지만, 끝 부분으로 갈수록 두드러지는 단어와 어구의 아름다움에 누가 압도당하지 않을 수 있었겠는가? 나는 그렇게 우아하게 말하기는커녕 그 근처에도 못 갈 것 같은 생각이 들자 무안해서 쥐구 c 멍이라도 찾고 싶었네. 아가톤의 연설을 들으니 나는 고르기아스[83] 생각이 나서 호메로스에 나오는 것과 같은 일[84]을 경험

---

83 고르기아스(기원전 480년경~376년)는 시칠리아 레온티노이(Leontinoi) 시 출신의 소피스트로, 많은 젊은이에게 수사학을 가르쳤다.

하게 되지 않을까 두려웠네. 나는 아가톤이 말을 마치면서 무시무시한 웅변가 고르기아스의 머리를 나에게 보내 내 말문을 막으며 나를 돌로 만들어버리지 않을까 두려웠단 말일세. 나는 내 차례가 되면 자네들과 함께 에로스를 찬미하겠다고 약속하며, 무언가를 찬미하려면 도대체 무엇을 어떻게 해야 하는지도 모르면서 사랑에 관한 한 내가 해박하다고 주장했는데, 그제야 내가 얼마나 가소로운 짓을 했는지 알게 되었네. 순진하게도 나는 무엇을 찬미하든 진실을 말해야 하고, 그것을 밑천 삼아 그중 가장 아름다운 것들을 골라내 가장 그럴듯하게 배열하면 되는 줄 알았지. 그래서 무엇이든 제대로 찬미하는 방법을 알고 있다고 믿고는 내가 말을 잘할 수 있을 것이라고 자신만만했었지.

그러나 보아하니 그것은 대상이 무엇이든 제대로 찬미하는 방법이 아닌 것 같아. 찬미한다는 것은 오히려 찬미의 대상에 사실이든 아니든 가장 위대하고 가장 아름다운 자질들을 덧붙이는 것이며, 그것이 사실이 아니더라도 중요하지 않네. 우리에게 제의된 것은 우리가 저마다 에로스를 찬미하는 것처럼 보이는 것이지, 실제로 찬미하는 것이 아닌 듯하니 말일세. 생각건대, 그래서 자네들은 에로스가 이런 분이며 저런 혜택을 베푼다고 미사여구를 늘어놓으면서 온갖 자질을 그분에게

덧붙이는 것 같네. 그분이 가장 아름답고 가장 훌륭하게 보이 199a
도록 말일세. 물론 모르는 자들에게는 그렇게 보이겠지만, 아
는 사람들에게는 그렇지 않을 걸세. 자네들의 찬사는 아무튼
아름답고 인상적이었네.

그러나 사실 나는 찬미하는 방법을 알지 못했고, 알지 못
했기에 내 차례가 되면 찬미하겠다고 약속했던 것이네. 그러
니 약속한 것은 '내 혀지, 내 마음이 아니었네.'[85] 이 일은 잊어
버리세. 나마저 자네들 방식으로 찬미하지는 않겠네. 내게는
그럴 능력이 없으니까. 그럼에도 자네들만 좋다면 나는 내 방 b
식대로 진실을 말할 용의는 있네. 자네들 연설과 경쟁하지 않
고 말일세. 경쟁하려다가는 내가 웃음거리가 될 테니까. 그러
니 파이드로스, 자네는 이런 종류의 발언도 필요한지, 말하자
면 그때그때 떠오르는 대로 어휘와 어구를 배열하지만 그래도
에로스에 관해 진실을 말하는 것을 듣고 싶은지 결정하게!"

84 『오뒷세이아』 11권 633~635행 참조. 오뒷세우스는 예언자 테이레시
아스(Teiresias)에게 귀향길을 묻기 위해 저승에 내려갔다가, 저승의 여
왕 페르세포네가 보는 이를 돌로 변하게 한다는 무서운 괴물 고르고
(Gorgo)의 머리를 올려보내지 않을까 두려워 황급히 저승을 떠난다.
85 에우리피데스, 『힙폴뤼토스』(Hippolytos) 612행. "맹세를 한 것은 내 혀
고, 내 마음은 맹세하지 않았네"를 조금 고친 것이다.

SYMPOSION

083

아리스토데모스에 따르면, 그러자 파이드로스와 다른 참석자들이 그것이 어떤 방법이든 그분께서 결정하시는 방법대로 말씀하시라고 촉구했대.

그분께서 말씀하셨대. "그렇다면 파이드로스, 내가 아가톤에게 몇 가지 질문을 할 수 있도록 해주게. 내가 말을 시작하기 전에 그에게 미리 다짐을 받아두기 위해서 그런다네."

c   파이드로스가 말했대. "허락하고말고요. 물어보세요." 아리스토데모스에 따르면, 그러고 난 뒤 소크라테스 선생님께서는 대강 다음과 같이 말문을 여셨대.

"친애하는 아가톤, 자네는 먼저 에로스가 어떤 분인지 밝힌 다음 그분이 하는 일을 논하겠다고 말함으로써 이야기를 훌륭하게 시작한 것으로 생각되네. 자네가 그렇게 이야기를 시작한 것에 나는 감탄을 금할 수 없었네. 자네는 그분이 어떤 분인지 다른 방법으로 아름답고 멋지게 이야기했으니, 자, 이

d   점에 관해서도 말해주게. 에로스는 어떤 것에 대한 사랑인가, 아니면 그 어떤 것에 대한 사랑이 아닌가? 나는 지금 에로스가 어떤 어머니나 아버지한테서 태어났는지 묻는 게 아니라네. 에로스가 어떤 어머니나 아버지의 에로스냐는 물음은 우스꽝스러울 테니까. 그게 아니라 내가 아버지에 관해 아버지는 누

군가의 아버지인지 아닌지 묻듯이 묻는 것이라고 생각해주게.
자네가 올바르게 대답하고 싶다면 틀림없이 아버지는 아들 또
는 딸의 아버지라고 대답하겠지? 그렇지 않은가?"

"물론이지요" 하고 아가톤이 대답했대.

"자네는 어머니에 대해서도 같은 말을 하겠지?" 아가톤
은 이에 대해서도 동의했대.

그러자 소크라테스 선생님께서 말씀하셨대. "몇 가지 질 e
문에 더 대답해주게나. 내 말뜻을 자네가 더 명확히 알도록 말
일세. 내가 자네에게 다음과 같이 묻는다고 생각해보게. 어떤
가? 형제는 형제인 한 누군가의 형제인가, 아닌가?"

그렇다고 아가톤이 대답했대.

"형제나 자매의 형제이겠지?" 이에 대해 아가톤이 동의
했대.

그러자 그분께서 말씀하셨대. "그렇다면 에로스에 관해서
도 말해주게. 에로스는 그 어떤 것에 대한 사랑도 아닌가, 아니
면 어떤 것에 대한 사랑인가?"

"물론 어떤 것에 대한 사랑이지요."

그러자 소크라테스 선생님께서 말씀하셨대. "그렇다면 이 200a
제 에로스의 대상이 무엇인지 깊이 명심해두고, 이것만 대답
해주게. 에로스는 자신의 대상을 원하는가, 원하지 않는가?"

"물론 원하지요" 하고 아가톤이 대답했대.

"에로스가 어떤 것을 원하고 사랑한다면 자신이 원하고 사랑하는 것을 소유하고 있어서인가, 아니면 소유하지 않아서 인가?"

"아마도 소유하고 있지 않아서겠지요" 하고 아가톤이 대답했대.

그러자 소크라테스 선생님께서 말씀하셨대. "살펴보게. '아마도'가 아니라 '반드시' 원하는 주체는 자기에게 결여된 것을 원하고, 결여되지 않으면 원하지 않을 걸세. 아가톤, 아무튼 나는 반드시 그럴 것이라고 확신하네. 자네는 어떻게 생각하나?"

"나도 그렇게 생각해요" 하고 아가톤이 대답했대.

"좋았어. 누군가 이미 키가 크다면 키가 크기를 원할까? 누군가 힘이 세다면 힘이 세기를 원할까?"

"우리가 합의한 것들에 따르면 그것은 불가능해요."

"그건 어떤 자질을 갖고 있는 자에게 그 자질이 결여될 수 없기 때문이겠지."

"옳은 말씀이에요."

소크라테스 선생님께서 말씀하셨대. "누가 힘이 세면서 힘이 세기를 원하고, 날래면서 날래기를 원하고, 건강하면서 건강하기를 원한다고 가정해보세. 이럴 경우 그런 사람들은 자기가 이미 갖고 있는 것을 실제로 원한다고 생각할 수도 있을 것이네. 내가 이런 말을 하는 것은 오해를 없애기 위해서일세. 아가톤, 자네가 곰곰이 생각해보면, 그런 사람들은 자신들이 갖고 있는 이것들을 원하건 원하지 않건 지금 다 가지고 있는 것이 필연이라네. 그러니 도대체 누가 그것을 원하겠는가? 누군가 '나는 건강하지만 건강하고 싶어' 또는 '나는 부자이지만 부자이고 싶어' 또는 '나는 내가 갖고 있는 것을 원해'라고 말한다면, 우리는 그에게 말할 것이네. '이것 봐요. 당신은 이미 부와 건강과 체력을 갖고 있으니, 당신이 원하는 것은 미래에도 그것들을 갖는 것이오. 당신은 현재에는 원하건 원하지 않건 그것들을 갖고 있기 때문이오. 당신은 「나는 내가 갖고 있는 것들을 원해」라고 말할 때마다 그것이 「나는 지금 갖고 있는 것을 앞으로도 갖고 싶어」라는 뜻이 아닌지 자문해보시오' 라고 말일세. 그는 틀림없이 그렇다고 시인하겠지?"

아리스토데모스에 따르면, 아가톤이 동의했대.

그러자 소크라테스 선생님께서 말씀하셨대. "그렇다면 누가 지금 갖고 있는 것이 앞으로도 보존되기를 원한다면, 그것은 바로 아직 주어지지 않아 갖고 있지 않은 것을 원하는 것 아니겠는가?"

e "물론이지요" 하고 아가톤이 대답했대.

"따라서 이 경우에는 이 사람도 그리고 원하는 다른 사람도 모두 아직 주어지지 않아서 지금은 없는 것을 원하는 걸세. 그러니 갖고 있지 않는 것, 그 자신이 아닌 것, 결여되어 있는 것, 이런 것들이 욕망과 사랑의 대상이 될 수 있네."

"물론이지요" 하고 아가톤이 말했대.

그러자 소크라테스 선생님께서 말씀하셨대. "자, 그렇다면 우리가 합의한 것들을 정리해보세. 에로스는 첫째, 어떤 것들에 대한 사랑이고, 둘째, 어떤 것들이란 그에게 결여되어 있는 것들이겠지?"

201a "네" 하고 아가톤이 대답했대.

"이런 맥락에서 자네가 앞서 연설할 때 에로스가 어떤 것들에 대한 사랑이라고 말했는지 상기해보게. 자네만 좋다면 내가 상기시켜주겠네. 생각건대, 자네는 추한 것을 사랑한다는 것은 불가능하기에 아름다운 것들에 대한 사랑을 통하여 신들의 제반 활동이 정립되었다는 취지의 말을 한 것 같네.[86] 자네, 대강 그렇게 말하지 않았나?"

"그렇게 말했지요" 하고 아가톤이 대답했대.

그러자 소크라테스 선생님께서 말씀하셨대. "여보게, 또한 자네가 한 말은 적절했네. 그러나 그게 그렇다면, 에로스는 아름다움에 대한 사랑이지, 추함에 대한 사랑이 아니겠지?"

아가톤이 동의했네.

"그런데 에로스는 자신에게 결여되어 갖고 있지 않은 것 b
을 사랑한다고 우리가 합의하지 않았던가?"

"네, 합의했지요" 하고 아가톤이 말했대.

"그렇다면 에로스는 아름다움이 결여되어 있고, 아름다
움을 갖고 있지 않네."

"그럴 수밖에 없겠네요" 하고 아가톤이 말했대.

"어떤가? 아름다움이 결여되어 있고 어떤 식으로든 아름
다움을 갖고 있지 않은 것을 자네는 아름답다고 말할 텐가?"

"물론 그럴 수는 없지요."

"그렇다면 이래도 자네는 여전히 에로스가 아름답다고 주
장하겠는가?"

그러자 아가톤이 말했대. "소크라테스 선생님, 나는 아무
것도 모르면서 그때 그런 말을 한 것 같습니다."

그분께서 말씀하셨대. "아가톤, 아무튼 자네의 연설은 훌 c
륭했어. 하지만 사소한 것 한 가지만 말해주게. 자네는 좋은 것

86 197b 3~5 참조.

들이 아름다운 것들이기도 하다고 생각하지 않는가?"

"나는 그렇게 생각해요."

"에로스는 아름다운 것들이 결여되어 있고, 좋은 것들이 아름다운 것들이라면, 에로스는 좋은 것들도 결여되어 있겠구면."

그러자 아가톤이 말했대. "소크라테스 선생님, 나는 선생님의 말씀을 반박할 수 없으니, 선생님께서 말씀하신 대로라고 하겠어요."

그분께서 말씀하셨대. "친애하는 아가톤, 자네가 반박할 수 없는 것은 진리겠지. 소크라테스를 반박하는 것은 결코 어려운 일이 아닐 테니까.

d   이제 자네를 놓아주고 지금부터는 전에 만티네이아[87] 여인 디오티마[88]한테서 들은 에로스에 관한 이야기를 들려주겠네. 그녀는 사랑뿐만 아니라 다른 많은 분야에도 해박했는데, 한 번은 아테나이인들로 하여금 미리 제물을 바치게 하여 역병(疫病)의 내습을 10년 동안이나 늦출 수 있었지. 바로 그녀가 내게 사랑에 관해 가르쳐주었다네. 그녀에게서 들은 이야기를 자네들에게 처음부터 끝까지 들려주겠네. 나와 아가톤 사이의 합의 사항을 준수하되 내 나름대로 최선을 다해서 말일세. 아가톤,

자네가 그랬듯이 나도 먼저 에로스가 누구이며 어떤 분인지 말 e

하고 나서, 그다음 그분이 하는 일이 무엇인지 설명해야 할 것

같네. 그렇게 하자면 그날 이방에서 온 그 여인이 꼬치꼬치 캐

물으며 내게 해준 이야기를 그대로 들려주는 것이 가장 쉬운

방법인 것 같네. 그녀에게 나는 에로스는 위대한 신이라는 등,

에로스는 아름다운 것들에 대한 사랑이라는 등 방금 아가톤이

내게 한 것과 같은 말을 했고, 그녀는 내 논리대로라면 에로스

는 아름답지도 좋지도 않다며 내가 아가톤을 논박할 때 써먹

은 것과 같은 논리로 내 말을 반박했다네.

　　그래서 내가 말했지. '디오티마, 무슨 말을 하는 거요? 그

렇다면 에로스는 추하고 나쁘단 말인가요?'

　　그러자 그녀가 말했네. '그런 말을 하다니! 혹시 아름답지

못한 것은 필연적으로 추하다고 생각하는 건가요?'

　　'그야 물론이지요.' 202a

　　'그럼 지혜롭지 못한 건 무지한가요? 지혜와 무지 사이에

뭔가가 있다고 생각하지는 않나요?'

87　만티네이아(Mantineia)는 동(東)아르카디아 지방의 도시로, mantis('예
　　언자' '예언녀')와 발음이 비슷하다.

88　디오티마(Diotima)는 실재한 인물이라기보다는 플라톤이 지어낸 인물
　　인 것 같다.

'그게 뭐지요?'

그러자 그녀가 말했네. '옳은 의견을 가졌지만 합리적으로 설명하지 못하는 것이지요. 그대도 알다시피, 그것은 아는 것도 아니고 무지도 아니라오. ― 합리적으로 설명하지 못하면 어찌 지식일 수 있겠어요? 진실에 관여하는 것을 어찌 무지라 할 수 있겠어요? 옳은 의견이야말로 그처럼 지혜와 무지 사이에 있는 것이라오.'

'옳은 말입니다.'

b   그녀가 말했네. '그러니 아름답지 못한 것은 필연적으로 추하고, 좋지 못한 것은 필연적으로 나쁘다고 우기지 마세요. 마찬가지로 에로스가 아름답거나 좋지 못하다고 동의한다고 해서 그분이 추하고 나쁠 수밖에 없다고 생각할 것이 아니라, 그 사이에 있는 어떤 것이라고 생각하세요.'

그래서 내가 말했지. '하지만 에로스가 위대한 신이라는 데는 모두 동의하는걸요.'

c   그러자 그녀가 말했네. '그대가 말하는 〈모두〉란 무지한 자들인가요, 아니면 아는 사람들도 포함되나요?'

'세상 사람 전부 다지요.'

그러자 그녀가 웃으면서 말했네. '이봐요 소크라테스, 에로스가 신이 아니라고 말하는 자들이 어떻게 그분이 위대한

신이라는 데 동의할 수 있지요?'

'어떤 사람들이요?' 하고 내가 물었네.

그러자 그녀가 말했네. '그대도 그중 한 명이고, 나도 그중 한 명이지요.'

'그게 무슨 뜻인가요?'

그녀가 말했네. '그야 간단하지요. 어디 말해보세요. 그대는 모든 신들이 행복하고 아름답다고 말하지 않나요? 신들 가운데 어떤 분은 아름답지도 않고 행복하지도 않다고 말할 자신이 있나요?'

'제우스에 맹세코, 그럴 자신은 없어요.' 내가 대답했지.

'그런데 그대는 좋은 것들과 아름다운 것들을 가진 자들을 행복하다고 부르지 않나요?'

'물론 그렇게 부르지요.'

'그럼 그대는 에로스가 좋은 것들과 아름다운 것을 결여하고 있어 자신에게 결여된 이런 것들을 원한다는 데 동의하지 않았나요?'   d

'동의했지요.'

'그런데 아름다운 것들과 좋은 것들에 관여하지 못하는 그분이 어떻게 신일 수 있지요?'

'그럴 수 없을 것 같군요.'

그녀가 말했네. '그러니 그대도 보다시피, 그대는 에로스를 신으로 인정하지 않는 거예요.'

내가 말했지. '그럼 에로스는 무엇이지요? 필멸의 존재인가요?'

'물론 그렇지는 않습니다.'

'그렇다면 에로스는 대체 뭘까요?'

그녀가 말했네. '앞서 살펴본 경우처럼, 그분은 필멸과 불멸의 중간에 있습니다.'

'그게 대체 무엇인가요, 디오티마?'

e   '소크라테스, 에로스는 위대한 정령[89]이에요. 모든 정령은 신과 필멸의 존재의 중간에 있어요.'

'그분은 어떤 능력을 갖고 있나요?'

'정령들은 신과 인간들 사이를 오가며 인간들의 기도와 제물을 신들에게 전하고, 신들의 명령과 인간들이 바친 제물에 보답하는 선물을 인간들에게 전하는 사자(使者)들이지요. 정령들은 신과 인간들의 중간에 있기에 양자 사이의 간극을 메워 모두가 하나의 전체로 묶이게 하지요. 온갖 예언술은 물론이고 제사,

203a 의식, 주술, 온갖 점(占), 마법에 관한 사제들의 기술도 정령들이 있기에 가능해요. 신들은 인간들을 직접 만나지 않고, 인간들이 깨어 있건 잠들었건 정령들을 통해 인간들과 교류하고 대화

해요. 그리고 그런 일에 능한 자는 정령적인 인간인 데 반해, 다른 기술과 손재주에 능한 자는 한낱 기능공[90]일 뿐이지요. 이런 정령들은 수도 많고 종류도 다양한데, 에로스도 그중 하나입니다.'

그래서 내가 물었지. '누가 그분의 아버지이고 어머니인가요?'

그녀가 말했네. '그건 꽤 긴 이야기이지만 그대에게 들려줄게요. 아프로디테가 태어났을 때[91] 신들이 잔치를 벌였는데, 그들 중에는 메티스[92]의 아들 포로스[93]도 있었어요. 식사가 끝나자 잔치 때면 으레 그러하듯 페니아[94]가 구걸하러 와서 문간에 서 있었답니다. 포로스는 넥타르에 ─ 그때는 포도주가 없었으니까요 ─ 취해 제우스의 정원으로 들어가 취기를 이기지 못하고 잠이 들었어요. 그러자 방편이 없던 페니아가 포로스의 아이를 갖기로 작정하고는 포로스 옆에 누워 에로스를 잉

b

c

---

89   daimon.
90   banausos.
91   제우스와 디오네(Dione) 사이에서. 180d 참조. 다음에 나오는 이야기는 플라톤이 지어낸 것이다.
92   메티스(Mctis)는 꾀의 여신으로 제우스의 첫 번째 아내이다.
93   포로스(Poros)는 방편(方便)의 신이다.
94   페니아(Penia)는 가난의 여신이다.

태했지요. 에로스가 아프로디테의 추종자이자 시종이 된 것은, 에로스가 아프로디테의 생일잔치 때 잉태된 데다 본성적으로 아름다운 것을 사랑하는 자인데, 아프로디테는 아름답기 때문이지요.

그런데 에로스는 포로스의 아들이지만 페니아의 아들이기도 하여 다음과 같은 처지에 놓였어요. 첫째, 에로스는 언제나 가난하며, 많은 사람들이 생각하듯 부드럽고 아름답기는커녕 사실은 딱딱하고, 거칠고, 맨발이고, 집도 없어요. 거적도 없이 늘 맨땅에서 자며, 대문 밖이나 길바닥에서 노숙합니다. 어머니의 본성을 타고난 그에게는 늘 결핍이 따라다니기 때문이지요. 그런가 하면 또 에로스는 아버지를 닮아 아름다운 것들과 좋은 것들을 얻을 방편을 마련해요. 용감하고, 대담하고, 활기차고, 영리한 사냥꾼이고, 언제나 새로운 계략을 꾸미고, 지식을 열망하고, 재간이 좋고, 평생 동안 지혜를 사랑하며, 영리한 마술사이고, 약초 다루기와 언변에도 능하지요.

에로스는 불멸의 존재도 아니고 필멸의 존재도 아니에요. 단 하루 사이에 때로는 방편이 강구되어 번창하며 생을 구가하기도 하고 때로는 죽어가기도 하지만 그러다가 아버지한테서 물려받은 본성 덕분에 되살아나지요. 그러나 그분이 강구한 방도는 늘 썰물처럼 빠져나가지요. 그래서 에로스는 어느 때든 방편이 없지도 않고 부유하지도 않아요. 또한 그분은 지혜와 무지의 중간에 있는데, 그 이유는 다음과 같아요. 신들 가운데 지혜를 사랑하거나 지혜로워지기를 원하는 분은 아무도 없어요. 신들은 이미 지혜로우니까요. 그 밖에 어느 누구도 이미 지혜로우면 지혜를 사랑하지 않아요. 그런가 하면 무지한 자들도 지혜를 사랑하지 않고 지혜로운 자가 되기를 원하지 않아요. 무지의 문제점은 다름 아니라 아름답지도 훌륭하지도 지혜롭지도 않은 자가 그러한 자기에게 만족하는 것이지요. 자기에게 결여되어 있다고 생각되지 않는 것을 원할 사람은 아무도 없으니까요.'

'디오티마, 지혜를 사랑하는 자들이 지혜로운 자도 아니고 무지한 자도 아니라면, 그들은 대체 어떤 자들이지요?'

그녀가 말했네. '그들은 이 두 집단의 중간에 있고 에로스도 그중 한 분이라는 것쯤은 삼척동자라도 알겠네요. 지혜가 가장 아름다운 것 가운데 하나이고 에로스가 아름다운 것에 관련된 사랑이라면, 에로스는 필연적으로 지혜를 사랑하는 분이고 지혜를 사랑하는 분으로서 필연적으로 지혜로운 자와 무지한 자의 중간에 있을 수밖에 없기 때문이지요. 그 원인 또한 그분의 부모에게서 찾을 수 있어요. 아버지는 지혜롭고 방편이 있지만, 어머니는 지혜롭지 못하고 방편이 없으니 말예

요. 친애하는 소크라테스, 이것이 에로스라는 정령의 본성이에

c 요. 에로스에 대해 그대가 그렇게 생각한 것은 그다지 놀라운
일도 아니에요. 그대가 한 말로 미루어 짐작하건대, 그대는 에
로스를 사랑하는 이가 아니라 사랑받는 이로 생각한 것 같으니
말예요. 그래서 그대에게는 에로스가 더없이 아름답게 보였던
것입니다. 사랑스러운 것은 실제로 아름답고 부드럽고 흠 없고
완벽하고 축복받은 자로 간주되지만, 사랑하는 이는 그와는 달
리 내가 설명한 것과 같은 모습을 하고 있기에 하는 말이에요.'

그래서 내가 말했네. '좋아요, 이방의 여인이여. 그대 말
이 옳아요. 그런데 에로스가 그런 분이라면 인간들에게 무슨
쓸모가 있을까요?'

d 그녀가 말했네. '소크라테스, 그것이 바로 다음에 내가 그
대에게 가르쳐주려던 거예요. 에로스의 성격과 태생은 내가
말한 대로예요. 그리고 그대가 한 말에 따르면, 그분은 아름다
운 것들에 대한 사랑이에요. 하지만 누가 우리에게, 「소크라테
스와 디오티마여, 에로스가 아름다운 것들에 대한 사랑이라니
그게 도대체 무슨 뜻이죠?」 또는 더 알기 쉽게 「아름다운 것들
을 사랑하는 이가 실제로 바라는 게 뭐죠?」라고 묻는다고 가
정해보세요.'

그래서 내가 말했지. '아름다운 것들을 소유하는 것이지요.'

'하지만 그렇게 대답하면 다음과 같은 질문이 제기됩니다. 「아름다운 것들을 소유함으로써 그가 얻는 게 뭐죠?」'

나는 그 질문에 당장 대답하기란 쉽지 않겠다고 대답했지.

그러자 그녀가 말했네. '그렇다면 질문을 바꾸어 아름다 운 것 대신에 좋은 것에 관해 묻는다고 가정해보세요. 「여보시 오 소크라테스, 좋은 것들을 사랑하는 이가 실제로 바라는 게 뭐죠?」' _e

'좋은 것들을 소유하는 것이지요.'

'좋은 것들을 소유함으로써 그가 얻는 것은 뭘까요?'

그래서 내가 말했지. '그건 대답하기 쉬운 질문이로군요. 「그는 행복해지겠지요.」'

그녀가 말했네. '그렇지요. 행복한 자들은 좋은 것들을 소 유함으로써 행복해지는 것인데, 여기서 「행복해지기를 바라는 사람은 왜 행복해지기를 바라지요?」라고 물을 필요는 없을 거 예요. 그대의 대답에는 질문이 더는 제기될 수 없을 것 같네요.' _{205a}

'옳은 말이오' 하고 내가 말했네.

'그대는 이런 바람 또는 사랑이 모든 사람에게 공통된 것 이며, 모든 사람이 좋은 것들을 항상 소유하기를 바란다고 생 각하나요? 아니면 어떻게 말하겠어요?'

그래서 내가 말했지. '그대가 말한 대로 모든 사람에게 공

통된 것이죠.'

그러자 그녀가 말했네. '소크라테스, 모든 사람이 항상 같
b 은 것들을 사랑하는 것이 사실이라면, 어째서 우리는 모두가
사랑한다고 말하지 않고, 어떤 사람들은 사랑하고 어떤 사람
들은 사랑하지 않는다고 말하는 거죠?'

내가 말했지. '나도 이상하게 여기고 있소.'

그러자 그녀가 말했네. '이상하게 생각할 것 없어요. 그 이
유는 우리가 특정 종류의 사랑을 떼어내 거기에다 전체에 속
하는 이름을 갖다붙이고, 다른 종류의 사랑들에는 다른 이름
들을 사용하기 때문이지요.'

'예를 하나 들어주시겠어요?'

'예를 하나 들어볼게요. 그대도 알다시피, 창작[95]은 그 범
위가 넓어요. 전에 존재하지 않던 것이 존재하게 되면 그것은
c 모두 창작 덕분이니까요. 따라서 모든 인공 산물은 창작물이
고, 그 제작자들은 모두 창작자[96]들이지요.'

'옳은 말입니다.'

'하지만 그대도 알다시피, 그들은 창작자라고 불리지 않
고 다른 이름을 갖고 있어요. 우리는 창작 전체에서 음악과 운
율에 관계되는 일부를 떼어내 거기에다 전체의 이름을 붙이고
있어요. 그리하여 이 부분만 창작이라 불리고, 창작의 이 부분

에서 활동하는 자는 창작자라 불리지요.'

'그렇습니다' 하고 내가 말했네.

'그 점에서는 사랑도 마찬가지예요. 일반적으로 좋은 것 ^d
들과 행복에 대한 모든 욕구는 누구에게서나 발견할 수 있는
가장 강력하고도 간교한 사랑이지요. 그러나 이런 사랑을 추구
하는 방법은 다양한데, 사업, 운동, 철학 등 다른 길로 해서 이
런 사랑을 지향하는 자들은 사랑한다거나 사랑하는 사람들이
라고 불리지 않아요. 반면 한 종류의 사랑만 열심히 추구하는
자들이 전체에 속하는 이름을 독차지하여, 〈사랑〉을 느낀다고,
〈사랑한다〉고, 〈사랑하는 사람들〉이라고 불리고 있습니다.'

'옳은 말인 것 같아요.' 하고 내가 말했지.

그러자 그녀가 말했네. '사랑하는 사람은 자신의 반쪽을
찾는 사람이라는 이야기가 전해오고 있기는 하지요. 하지만 ^e
벗이여, 내 주장은 사랑은 반쪽도 전체도 찾지 않는다는 거예
요. 반쪽이나 전체가 다행히 좋은 것인 경우를 제외하면 말예
요. 사람들은 병들었다 싶으면 자기 발이나 손도 절단하려 하
니까요. 누가 자기 것은 좋은 것이고 남의 것은 나쁜 것이라고

95 poiesis.
96 poietes.

한다면 몰라도, 그렇지 않다면 자기 것이라고 해서 무조건 반길 수는 없으리라고 생각해요. 사람들은 좋은 것이 아니면 어떤 것도 사랑하지 않으니까요. 그대는 좋은 것이 아니라도 사람들이 사랑한다고 생각하나요?'

'제우스에 맹세코, 그렇게 생각하지 않아요.'

그녀가 말했네. '그렇다면 사람들은 좋은 것을 사랑한다고 단적으로 말해도 될까요?'

'네' 하고 내가 말했지.

'어때요? 그들은 좋은 것들을 사랑함으로써 좋은 것들이 자기 것이 되기를 바란다고 부연해야 하지 않을까요?'

'그래야겠네요.'

그러자 그녀가 말했네. '그뿐이 아니에요. 그들은 좋은 것이 영원히 자기 것이 되기를 바라겠지요?'

'그것도 덧붙여야겠네요.'

'그렇다면 한마디로 사랑은 좋은 것을 영원히 소유하기를 바라는 것이라고 말할 수 있겠네요.' 그녀가 말했네.

'더없이 옳은 말입니다' 하고 내가 말했지.

'사랑이 언제나 그런 것이라면 사랑하는 자들이 대체 어떤 방법으로 어떤 행위를 통해 사랑을 추구하기에 그들의 열성과 노력이 사랑이라고 불릴 수 있을까요? 이러한 활동의 목

적이 뭐죠? 설명해줄 수 있겠어요?'

그래서 내가 말했지. '디오티마, 설명할 수 있다면 나는 분명 그대의 지혜에 그토록 감탄하지 않았을 것이며, 이런 것들에 대해 배우려고 그대를 찾아오지도 않았겠지요.'

'그럼 내가 그대에게 설명하겠어요' 하고 그녀가 말했네. '그러한 활동의 목적은 몸과 관련해서도 혼과 관련해서도, 아름다운 것 안에서 생식(生殖)하는 것입니다.'

그래서 내가 말했지. '그대가 한 말을 이해하려면 점쟁이가 필요하겠어요. 나는 알아듣지 못했어요.'

그러자 그녀가 말했네. '더 알아듣기 쉽게 설명해볼게요. 소크라테스, 모든 인간은 육체적으로 정신적으로 잉태 중입니다. 그러다가 우리가 한창때의 나이가 되면 본능적으로 출산하기를 원하게 돼요. 그러나 추한 것 안에서는 출산할 수 없고, 아름다운 것 안에서만 출산이 가능해요. 남녀의 관계가 곧 출산이니까요. 이러한 잉태와 출산은 신적인 것입니다. 필멸의 존재 안에 내포된 불사의 요소니까요. 그러나 조화를 이루지 못하는 것에서는 그런 일이 일어날 수 없는데, 추한 것은 어떤 신적인 것과도 조화를 이루지 못하는 반면 아름다운 것은 모든 신적인 것과 조화를 이루지요. 이런 출산에서는 아름다움[97]이 운명의 여신[98]과 출산의 여신[99] 역할을 합니다. 그래서 잉태한 것이 아름다운 것에 다가가면 너그러워지고 기분이 좋아져 출산하고 생식하게 되는 거예요. 그러나 잉태한 것이 추한 것에 다가가면 눈살을 찌푸리고 괴로워 오그라들고 뒤틀리고 움츠러들며 생식에 실패하고는 태아를 붙들고 힘겨워하지요. 그러니까 잉태하여 터질 듯이 부풀어오른 자가 아름다운 것을 보

e 고 크게 달뜨는 까닭은, 아름다움을 가진 자가 잉태한 자를 격렬한 산고(産苦)에서 해방시켜주기 때문이지요. 소크라테스, 그대가 생각하듯 사랑이 원하는 것은 단순히 아름다운 것만은 아니랍니다.'

'그럼 무엇을 원하지요?'

'아름다운 것 안에서 생식하고 출산하기를 원하지요.'

'그런가요!' 하고 내가 말했지.

'그렇고말고요' 하고 그녀가 말했네.

'그런데 왜 사랑이 생식을 원하느냐고요? 필멸의 존재에게는 생식이 영속적이고 불사(不死)의 것이기 때문이지요. 그

207a 리고 우리가 앞서 합의한 바에 따라 사랑이 좋은 것을 영원히 소유하는 것이라면, 우리는 필연적으로 좋은 것과 더불어 불사를 원하게 마련이에요. 따라서 사랑은 불사도 원한다는 결론에 이를 수밖에 없지요.'

디오티마가 에로스에 관해 말했을 때 이 모든 것을 내게 가르쳐주었지. 한번은 그녀가 내게 묻더군. '소크라테스, 그대는 이러한 사랑과 욕망의 원인이 무엇이라고 생각하세요? 그대는 길짐승이든 날짐승이든 모든 동물이 생식의 욕망을 느낄 때면 얼마나 끔찍한 상태가 되는지 보지 못하나요? 그것들은 병적으로 애욕에 사로잡혀, 먼저 짝짓기를 원하고 다음에는 새끼 기르기를 원하지요. 그것들은 새끼를 위해서라면 가장 약한 녀석이라도 가장 강한 녀석과 싸울 각오가 되어 있으며, 새끼를 먹이려고 자신은 굶주림에 시달려 죽기까지 하지요. 새끼를 위해서라면 무슨 짓이든 하지요. 인간들은 이성적인 판단에 따라 그런 짓을 한다고 추론할 수 있습니다. 하지만 동물들이 그렇게 애욕에 사로잡히는 원인은 무엇일까요? 말해줄 수 있나요?'

내가 이번에도 모르겠다고 대답하자, 그녀가 말하더군. '그대는 그런 것도 모르면서 어떻게 언젠가는 사랑의 문제에 관한 전문가가 될 것이라고 생각하세요?'

'디오티마, 그래서 나는 방금 말했듯이 스승이 필요하다

b

c

97   Kallone.
98   Moira.
99   Eileithyia.

는 것을 알고 그대를 찾아온 것이라오. 그대는 이런 것 말고도 사랑에 관한 다른 것들의 원인도 말해주세요.'

그러자 그녀가 말했네. '만약 그대가 사랑은 본성상 우리가 여러 번 동의한 바 있는 것[100]을 지향한다고 믿는다면 내 대답을 듣고 놀라지 마세요. 필멸의 존재는 본성상 가능한 한 죽지 않고 영원히 살기를 바란다는 원칙은 인간에게도 동물에게도 적용되니까요. 영원한 삶은 생식에 의해서만 가능한데, 생식은 끊임없이 새로운 것을 남겨 낡은 것을 대치하게 하죠. 개개의 생명체가 살아 있는 동일한 개체라고 일컬어지는 동안에도—예컨대 어떤 사람이 어릴 적부터 노년에 이르기까지 같은 사람이라고 일컬어진다 해도, 그는 사실은 같은 속성을 그대로 유지하는 것이 아니라 부단히 새로워지며, 전에 갖고 있던 머리털, 살, 뼈, 피는 물론이요 몸 전체를 잃어가고 있어요. 이런 현상은 몸에만 국한되는 것이 아니라 혼에도 일어납니다. 습관, 성격, 의견, 욕망, 쾌락, 고통, 두려움도 어느 것 하나 어떤 개인의 혼 안에 그대로 머물러 있지 않고, 어떤 것은 생겨나고 어떤 것은 소멸하니까요. 이보다 훨씬 더 이상한 것은, 지식도 어떤 것은 생겨나고 어떤 것은 소멸하여, 우리는 지식과 관련해서도 결코 같은 사람으로 남지 않으며, 그 점에서는 우리의 개별 지식도 마찬가지입니다. 우리가 〈학습〉이라고 부르는 것도 지식이 우리를 떠나기에 있는 것이지요. 망각은 지식이 떠나가는 것인데, 학습은 떠나가는 기억 대신 새로운 기억을 주입해 같은 지식으로 보이도록 우리의 지식을 보존하니까요. 모든 필멸의 존재는 이런 식으로 보존되지요. 신적인 존재처럼 모든 면에서 영원히 같은 존재로 머무름으로써가 아니라, 늙어서 소멸하는 것이 자기를 닮은 젊은 것을 뒤에 남김으로써 보존된다는 말이에요. 소크라테스, 필멸의 존재는 몸이건 그밖의 다른 것이건 이런 방법으로 불사에 참여하지만, 불사의 존재에게는 다른 방책이 있지요. 그러니 만물이 본성상 제 자식을 소중히 여긴다고 해서 놀라지 마세요. 이런 보편적인 열성과 사랑은 다 불사를 위한 것이니까요.'

b

그녀의 말을 듣고 나는 놀라 말했지. '좋아요, 가장 지혜로운 디오티마여! 그런데 그게 사실인가요?'

그러자 그녀는 진짜 소피스트처럼 말했네. '그렇다니까요, 소크라테스. 인간들의 명예욕을 한번 보세요. 그러면 그대는 내가 말한 것[101]과 관련해 그들의 무모함[102]에 놀랄 거예요.

c

---

100 사랑은 아름다운 것 안에서 생식하고 출산하기를 원한다는 것(206e)과 사랑은 불사도 원한다는 것(207a) 등을 말한다.

101 특히 207a~b에서 동물들이 새끼를 낳아 기르기 위해 온갖 위험을 무릅쓴다고 말한 부분.

그대가 만약 내가 한 말을 명심하지 않는다면, 그리고 그들이 유명해지고 〈영원토록 불후의 명성을 쌓아올리고〉[103] 싶은 욕망 때문에 얼마나 끔찍한 상태에 있는지 심사숙고하지 않는다면 말예요. 이를 위해서라면 자식들을 위해서 그러는 것보다도 더 위험을 무릅쓸 각오가 되어 있으며, 돈을 쓰고, 어떤 고통이라도 감수하고, 심지어 목숨을 바치기까지 해요. 그대는 정말 알케스티스가 아드메토스를 구하기 위해 죽고, 아킬레우스가 파트로클로스의 원수를 갚기 위해 죽고, 아테나이 왕 코드로스[104]가 자식들의 왕위를 지켜주기 위해 죽었을 것이라고 생각하나요? 만약 그들이 지금도 우리가 기억하고 있듯 자신들의 용기[105]가 잊히지 않고 영원히 기억될 것이라고 생각하지 않았다면 말예요. 천만의 말씀! 저마다 전력을 다하는 것은 불후의 미덕과 그런 종류의 명성을 위해서이며, 훌륭한 사람일수록 더 그러하다고 나는 생각해요. 그들은 불사를 사랑하니까요.

　육체적인 잉태를 한 자들은 여자들에게 끌리는데, 그렇게 사랑을 표출하는 자들은 자식을 낳음으로써 불사와 기억과 나름대로의 행복을 영원토록 확보하지요. 그러나 정신적인 잉태를 하는 자들도 있지요. 몸보다는 혼 안에 더 많이 잉태하는 자들도 있기 때문인데, 이들은 혼이 잉태하고 출산하기에 적합한 것을 잉태하지요. 무엇이 이에 적합하냐고요? 지혜와 그

밖의 다른 미덕이지요. 이런 것들을 낳는 이는 다름 아니라 모
든 시인과 창의적이라고 일컬어지는 모든 장인들이지요. 그
러나 단연 가장 위대하고 가장 아름다운 지혜는 국가와 가정
에 질서를 부여하는 것인데, 그런 지혜는 절제와 정의라고 불   b
리지요. 누가 젊어서부터 이런 것들을 혼 안에 잉태하고 있다
고 해봐요. 미혼으로 적령기에 도달하여 출산하고 생식하고
싶은 욕망을 느끼게 되면, 그도 아마 돌아다니며 그 안에서 생
식할 수 있는 아름다운 것을 찾을 거예요. 그는 추한 것 안에서
는 결코 생식하지 않을 테니까요. 그는 잉태 중인 만큼 추한 몸
보다는 아름다운 몸을 반기고, 만약 아름답고 고상하고 재능
있는 혼을 만나게 되면 아름다운 몸과 아름다운 혼이라는 이
런 결합을 크게 반기지요. 이런 사람을 만나면 그는 곧장 미덕
이 무엇이며, 훌륭한 사람이 되려면 어떤 자질을 구비해야 하   c

102 또는 그대의 생각이 부족했던 것.
103 출전 미상.
104 아테나이의 전설상의 왕 코드로스(Kodros)는 델포이 신탁에 따르면 만
     약 자기가 살아남으면 아테나이가 도리에이스족(Dorieis)에게 함락되리
     라는 것을 알고는, 나무꾼으로 가장하여 성 밖으로 나가 시비를 걸다가
     적군의 손에 살해됨으로써 자신의 왕국이 3백 년 더 유지되게 할 수 있
     었다고 한다.
105 arete. 또는 '미덕'.

고 어떤 활동을 해야 하는지 청산유수 같은 말솜씨로 그 사람을 교육하려 하지요. 나는 그가 아름다운 사람과 접촉하고 사귐으로써 오랫동안 잉태 중이던 것을 출산하고 생식한다고 생각해요. 둘이 함께 있든 떨어져 있든 그는 그 사람을 기억하며 둘 사이에서 태어난 자식을 그 사람과 함께 기르지요. 그래서 이 두 사람은 사람의 자식을 둔 부모보다 더 긴밀한 유대와 더 두터운 우정을 유지하는데, 더 아름답고 더 불사적인 자식을

d 공유하기 때문이지요. 누구나 사람의 자식보다는 그런 종류의 자식을 낳기를 선호하겠지요. 또한 우리는 호메로스나 헤시오도스나 그 밖의 다른 위대한 시인을 우러러보며 부러워하는데, 이는 그들이 남긴 자식들이 스스로 불멸의 존재여서 부모에게 불멸의 영광과 명성을 안겨주기 때문이지요. 또 다른 예를 들라면, 뤼쿠르고스[106]가 라케다이몬에 남겨 라케다이몬뿐 아니라 사실상 전 헬라스의 구원자가 되게 한 자식들을 보세요.

e 솔론[107]이 이곳 아테나이에서 존경받는 것도 그가 법률을 낳았기 때문입니다. 또한 헬라스에서든 이방에서든 곳곳에서 수많은 다른 사람들이 존경받는 것은 그들이 아름다운 업적을 많이 쌓음으로써 온갖 종류의 미덕을 낳았기 때문이지요. 또한 이런 자식들을 두었기에 사람들은 그들을 위해 여러 가지 제사를 지내지만, 사람의 자식을 두었다고 해서 누구에게 제사를

지낸 적은 한 번도 없지요.

소크라테스, 이러한 사랑의 비의(祕儀)에는 아마 그대도 입문할 수 있겠지요. 올바른 길을 따라가는 사람에게 내가 지 210a 금까지 말한 것은 비의의 최종 단계에 이르기 위한 사전준비에 불과한데, 그대가 과연 그 최종 단계에도 입문할 수 있을지 모르겠네요. 나는 그대에게 최선을 다해 설명할 테니, 그대도 최선을 다해 따라오도록 하세요.

이 일을 올바른 방법으로 시작하려면 젊어서 아름다운 몸에 초점을 맞추되, 길라잡이가 그를 제대로 인도할 경우, 먼저 한 사람의 몸을 사랑하여 그 안에 아름다운 담론(談論)을 낳아야 해요. 그러고 나서 그는 한 몸의 아름다움은 다른 몸의 아름다움과 대동소이하다는 것과, 몸의 아름다움을 추구해야 할 b 경우 모든 몸의 아름다움이 똑같다고 여기지 않는 것은 어리석은 일임을 깨달아야 해요. 이것을 깨닫고 나면 한 몸에 집착하는 것은 경멸스럽고 보잘것없는 일이라 여기고는 그런 집착을 버리고 세상의 모든 아름다운 몸을 사랑하는 사람이 되어

---

106 뤼쿠르고스(Lykourgos)는 스파르테의 전설적인 입법자이다. 『플루타르코스 영웅전』 「뤼쿠르고스」 참조.

107 솔론(Solon)은 기원전 6세기 초에 활동한 아테나이의 입법자이다. 『플루타르코스 영웅전』 「솔론」 참조.

야 해요. 그다음 단계는 육체의 아름다움보다 정신적인 아름
다움을 더 높이 평가하는 것인데, 그렇게 하면 그는 누군가 몸
의 매력은 보잘것없어도 혼이 단정하다면 그것으로 만족하고
는 그 사람을 사랑하고 보살펴주며 젊은이들을 더 훌륭한 사
람으로 만들어줄 담론을 낳고 추구하게 될 거예요. 그리하여
여러 활동과 법률의 아름다움에 주목하지 않을 수 없게 된 그
는 이것들이 모두 궁극적으로 하나라는 것을 보게 되어, 몸의
아름다움은 상대적으로 사소한 것임을 알게 될 거예요. 여러
가지 활동 다음으로 그는 여러 지식을 향해 나아가야 하는데,
그래야만 그가 그곳에서도 아름다움을 발견하고 이제는 수많
은 아름다움을 보면서 어떤 젊은이나 사람 또는 특정 행위 같
은 특정 사물의 아름다움에 더는 노예처럼 집착하지 않을 것
이며, 그런 종류의 종노릇을 통해 옹졸해지거나 편협해지지
않을 거예요. 오히려 그는 아름다움의 넓은 바다로 나아가 그
것을 바라보면서 지혜를 향한 무한한 사랑에서 아름답고 웅장
한 담론과 사상을 많이 낳게 될 거예요. 그러다가 드디어 그곳
에서 힘이 강해지고 몸집이 불어나 그는 내가 다음에 말하려
는 아름다움과 관련된 단일한 지식을 식별하게 될 거예요.

그대는 정신 바짝 차리고 들으세요. 아름다운 것들을 바
른 순서에 따라 제대로 바라보면서 에로스에 관한 연구에서

여기까지 인도되어온 자라면 연구의 최종목표에 도달하면서 도저히 믿을 수 없이 아름다운 무언가를 갑자기 보게 될 거예요. 소크라테스, 앞서 우리가 기울인 모든 노고는 바로 이것을 위해서였어요. 그가 보게 될 것은 첫째, 늘 있는 것이어서 생성 되지도 소멸하지도 않으며, 늘어나지도 줄어들지도 않는답니다. 둘째, 그것은 어떤 점에서는 아름답지만 다른 점에서는 추한 것도 아니고, 어느 순간에는 아름답지만 다른 순간에는 아름답지 않은 것도 아니며, 어떤 것과 관련해서는 아름답지만 다른 것과 관련해서는 추한 것도 아니며, 어떤 이들에게는 아름답지만 다른 이들에게는 추해서 여기서는 아름답지만 저기서는 추한 것도 아니랍니다. 또한 그 아름다움은 그에게 어떤 얼굴이나 손이나 몸의 다른 부위의 모습을 하고 나타나지 않으며, 어떤 담론이나 지식은 물론이요 동물이든 대지든 하늘이든 그 밖의 다른 것이든 다른 것 안에 존재하는 것으로도 나타나지 않아요. 오히려 그것은 언제나 그 자체로서 존재하고 형상이 하나랍니다. 다른 아름다운 것들은 모두 그것에 관여하되, 그것들은 생성되거나 소멸하지만 그것 자체는 조금도 늘어나거나 줄어들지 않고 아무 영향도 받지 않는 그런 방식으로 관여하지요.

따라서 누가 만약 연동(戀童)을 올바르게 사랑함으로써

b

SYMPOSION

113

이런 개별적인 것들을 뒤로하고 위로 올라가다가 저 아름다운 것을 식별하기 시작한다면, 그는 사실상 목표에 도달한 것이 c 나 다름없어요. 사랑의 신비를 향해 올바로 나아가거나 또는 다른 사람에 의해 인도된다는 것은 다름 아니라, 이 세상의 아름다운 것들에서 출발해 그것들을 계단 삼아 내가 말하는 아름다움을 위해 꾸준히 올라가되 한 아름다운 몸에서 두 아름다운 몸으로, 두 아름다운 몸에서 모든 아름다운 몸으로, 아름다운 몸들에서 아름다운 활동으로, 아름다운 활동에서 아름다운 지식으로, 끝으로 아름다운 지식에서 아름다운 것 자체만을 대상으로 하는 저 특별한 지식으로 나아감으로써 드디어 아름다운 것 자체가 무엇인지 알게 되는 것이라오.'

d 만티네이아에서 찾아온 이방의 여인은 다음과 같이 말을 이었네. '친애하는 소크라테스, 인간에게 살 만한 곳이 있다면 아름다운 것 자체를 관조하는 이러한 경지야말로 살 만한 곳이겠지요. 만약 그대가 그 아름다움을 보게 되면 그 아름다움은 황금이나 고운 옷이나 잘생긴 청소년들을 무색케 한다고 생각하게 될 거예요. 지금은 비록 그대와 수많은 이들이 잘생긴 청소년들을 보고 넋을 잃고는 연동들을 바라보며 늘 함께할 수만 있다면—그게 가능하다면—먹지도 마시지도 않고 그들을 바라보며 함께 있기만을 원하지만 말예요. 누가 온

전하고 순수하고 섞이지 않고, 인간의 살이나 색깔이나 그 밖 e
에 필멸의 수많은 허섭스레기들에 오염되지 않은 아름다운 것
자체를, 단일 형상의 신적인 절대적인 아름다움을 실제로 볼
수 있다면 어떤 반응을 보이리라고 생각하나요? 누가 그쪽으
로 눈길을 돌려 적절한 수단으로 그 아름다움을 관조하며 그 212a
아름다움과 함께할 수 있다면, 그대는 그것이 무가치한 삶이
라고 생각하나요? 아니면 그대는 누군가 아름다운 것을 볼 수
있는 적절한 능력을 이용하는 사람이 그런 조건에서만 미덕의
환영 대신 참된 미덕을 낳으리라는 것을 깨닫지 못하나요? 그
가 접촉하는 것은 미덕의 환영이 아니라 참된 미덕이니까요.
그리고 참된 미덕을 낳아 기르게 되면 그는 신들의 사랑을 받
게 될 것이며, 그것이 인간에게 가능하다면 그 자신도 불사의
존재가 될 거예요.'

  파이드로스와 그 밖의 다른 친구들이여, 이상이 디오티마 b
가 내게 들려준 이야기이며, 나는 그녀의 말에 설득당했네. 그
리고 그녀의 말에 설득당한 나는 신들의 사랑을 받고 불사의
존재가 되는 일에는 인간의 본성에 에로스보다 더 훌륭한 조
력자를 찾기가 쉽지 않을 것이라고 다른 사람들을 설득하려
한다네. 그래서 나는 모든 사람이 에로스를 존경해야 한다고

주장하며, 나 자신도 에로스에 관한 일을 존중하며 남달리 열심히 연구하고 있을뿐더러 남들에게도 그러기를 권한다네. 또한 지금도 그렇지만 앞으로도 언제까지나 나는 힘닿는 데까지 에로스의 능력과 용기를 찬미할 것이네. 그러니 파이드로스,

c 원한다면 나의 이 발언을 에로스에게 바치는 나의 찬가라고 여겨주게. 아니면 아무 이름이나 자네 마음에 드는 이름을 붙여도 좋네."

아리스토데모스에 따르면, 소크라테스 선생님께서 이렇게 말씀하시자 다른 사람들은 모두 칭찬했지만 아리스토파네스는 선생님께서 그의 발언[108]에 관해 언급하신 것과 관련하여 무슨 말을 하려고 했다네. 그때 갑자기 한 무리 술꾼들의 소행인 듯 바깥 대문을 요란하게 두드리는 소리가 들리더니 피리 부는 소녀가 불어대는 피리 소리도 들렸대. 그러자 아가톤이

d 노예들에게 말했대. "얘들아, 나가서 누군지 보아라. 내가 아는 사람이면 안으로 모시되, 그렇지 않으면 주연(酒宴)이 끝나 벌써 쉬는 중이라고 전하거라."

조금 뒤 안마당에서 알키비아데스의 목소리가 들렸는데, 그는 거나하게 취해서 고함을 질러대며 아가톤은 어디 있느냐고 묻더니 자기를 아가톤에게로 안내하라고 요구했대. 그래서

알키비아데스는 몇몇 추종자들과 피리 부는 소녀의 부축을 받
으며 안으로 안내되었대. 그는 담쟁이덩굴과 제비꽃으로 빽빽 e
하게 엮은 화관을 쓰고 수많은 리본을 머리에 두른 채 문가에
서서 말했대. "안녕하신가, 여보게들. 자네들은 이미 거나하
게 취한 사람을 술자리에 끼워주겠나? 아니면 우리는 아가톤
에게 화관을 씌워주러 온 것이니 그렇게만 하고 갈까? 나는 어
제는 올 수 없었지만, 지금은 머리에 리본을 두르고 여기 왔네.
내 머리에서 이 화관을 벗겨 가장 지혜롭고 가장 아름다운 사
람의 머리에 씌워주며 그가 그런 사람이라고 선포하려고 말일
세. 자네들은 내가 술에 취했다고 비웃는 건가? 웃을 테면 웃
게나. 하지만 나는 내가 진실을 선포하고 있다는 것을 알고 있 213a
네. 자, 어서들 말해주게. 자네들은 방금 내가 말한 조건[109]에
동의하는 건가? 내가 들어가 술자리에 합석해도 되나, 아니면
그래서는 안 되나?"

　　그러자 모두들 큰 소리로 찬동하며 들어와서 기대앉으라
고 했고, 아가톤도 그를 초대했대. 그는 일행의 부축을 받으며
들어왔대. 그런데 알키비아데스는 움직이는 도중 아가톤에게

108　205d~206a 참조.
109　212e 참조.

둘러주려고 리본을 푸는 바람에 리본이 눈앞으로 흘러내려,

b 그를 보고는 자리를 내주신 소크라테스 선생님을 보지 못하
고 아가톤 곁에, 그러니까 아가톤과 소크라테스 선생님 사이
에 앉았대. 그는 자리에 앉자마자 아가톤을 얼싸안더니 화관
을 씌워주었대. 그러자 아가톤이 노예들에게 명령했대. "애들
아, 알키비아데스 님의 샌들을 벗겨드려라. 우리 셋이서 나란
히 기대앉을 수 있도록 말이다!"

알키비아데스가 말했대. "좋은 생각일세. 한데 우리와 함
께 마실 제3의 사나이는 대체 누구란 말인가?" 이렇게 말하고
주위를 둘러보다가 소크라테스 선생님을 발견하자마자 벌떡
일어서더니 말했대. "오오, 헤라클레스[110]시여! 이게 어떻게 된

c 일인가요? 소크라테스 선생님이 여기 계시다니! 선생님께서
는 이번에도 거기 숨어서 나를 기다리고 계시는군요. 전에도
선생님께서 계시리라고는 전혀 예상하지 못한 장소에 갑자기
나타나곤 하시더니, 이번에는 또 무슨 일로 오셨지요? 그리고
왜 여기 앉아 계시는 거죠? 선생님께서는 아리스토파네스처럼
웃기는 사람이나 웃기고 싶어 하는 사람 곁에 자리 잡지 않고,
이 방에서 가장 아름다운 사람 곁에 앉으려고 술책을 부리셨으
니 말예요."

그러자 소크라테스 선생님께서 말씀하셨대. "아가톤, 제

발 나를 좀 지켜주게. 솔직히 말해 이 사람을 향한 사랑이 내게 는 부담스러워졌네. 내가 이 사람을 사랑하게 된 그 순간부터 아름다운 사람을 단 한 명이라도 쳐다보거나 대화를 나누는 것이 내게는 허용되지 않았고, 내가 그렇게라도 하면 이 사람 은 샘이 나고 화가 나서 놀라운 짓을 하며 욕설을 퍼붓고 손찌 검까지 하려 드니 말일세. 그러니 자네는 이 사람이 지금 그런 짓을 못하도록 지켜보고, 우리 사이를 화해시켜주게. 아니면 이 사람이 폭력을 행사하려 들 경우 자네가 막아주게. 나는 사 랑받고 싶어 하는 이 사람의 병적인 집착이 정말 두렵다네."

　　그러자 알키비아데스가 말했대. "나와 선생님 사이에 화 해란 있을 수 없습니다. 지금 선생님께서 말씀하신 것에 대해 서는 나중에 되갚아드릴게요. 지금은 아가톤, 그 리본 몇 가닥 만 나눠주게. 내가 이분의 이 놀라운 머리에도 씌워줄 수 있도 록. 그래야만 자네에게는 씌워주면서도, 언변 시합에서 자네 처럼 그제 한 번 이긴 것이 아니라 매번 모두를 이기는 당신 자 신에게는 씌워주지 않았다고 비난하지 못하실 테니까."

110 헤라클레스는 이른바 '12고역'을 통해 인간 세상을 위협하던 괴수들을 퇴치한 고대 그리스 신화의 대표적인 영웅이다. 알키비아데스는 소크라 테스가 괴물인 양 여기서 헤라클레스를 부르고 있다.

그렇게 말하고 그는 리본 몇 가닥을 받아 소크라테스 선생님께 둘러드리고는 긴 의자에 기대앉았대. 그리고 그는 이렇게 말했대. "여보게들, 내가 보기에 자네들은 조금도 취하지 않은 것 같네그려. 그건 안 될 일이지. 자네들은 마셔야 하네. 우리는 그렇게 하기로 합의했으니까.[111] 그래서 자네들이 충분히 마실 때까지 이 술자리의 사회는 내가 맡겠네. 아가톤, 큰 술잔이 있으면 누굴 시켜 가져오라고 하게. 아니, 그럴 필요 없어. 애야, 저기 저 포도주 냉각용 동이를 가져오너라!" 그

214a 는 그 동이에 8코튈레[112] 이상이 들어가는 것을 보고 그렇게 말했대. 그는 거기에 술을 가득 부어 먼저 자기가 쭉 들이켠 다음 소크라테스 선생님께 부어드리라고 이르며 다음과 같이 말했대. "여보게들, 소크라테스 선생님께는 내가 아무리 계략을 꾸며도 전혀 통하지 않는다니까. 아무리 많이 권해도 그분께서는 권하는 족족 다 받아 마시고도 주기(酒氣)가 오르지 않으시니 말일세."

노예가 동이에 다시 술을 가득 채우자 소크라테스 선생님께서 받아 마시는데 에뤽시마코스가 말했대. "알키비아데스, 대체 우리가 지금 뭘 하고 있는 건가? 우리는 대화를 하거나 노래도 부르지 않고, 이렇게 잔을 돌리며 갈증을 달래는 사람들처럼 그저 술만 마실 겐가?"

b

PLATON

120

그러자 알키비아데스가 말했데. "이봐, 에뤽시마코스! 가장 훌륭하고 가장 절제 있는 아버지의 가장 훌륭한 아들이여, 무탈하기를!"

그러자 에뤽시마코스가 대답했데. "자네도 무탈하기를! 자네는 우리가 어떻게 하기를 바라는가?"

"자네가 시키는 대로. 우리는 자네가 시키는 대로 해야 하니 말일세.

의사 한 명은 다른 사람 다수와 맞먹는 가치가 있으니까.[113]

그러니 자네 좋을 대로 우리에게 지시를 내리게."

다시 에뤽시마코스가 말했데. "그렇다면 들어보게. 자네가 들어오기 전에 우리는 왼쪽에서 오른쪽으로 돌아가며 저마다 자기가 할 수 있는 가장 아름다운 말로 에로스를 찬미하기로 결정했었네. 그래서 우리들 나머지 사람들은 모두 발언을 했네. 한데 자네는 아직 발언하지 않은 데다 자네 몫의 술을 이 c

---

111 213a 참조.
112 1코튈레(kotyle)는 약 4분의 1리터이다. 따라서 8코튈레는 약 2리터이다.
113 『일리아스』 11권 514행.

미 마셨으니 이번에는 자네가 발언하는 것이 순리일세. 그런 다음 소크라테스 선생님께 자네가 원하는 과제를 부과하도록 하게. 그러면 소크라테스 선생님께서는 당신의 오른쪽에 있는 사람에게 그렇게 하시고, 나머지 사람들도 계속해서 그렇게 할 수 있을 것이네."

그러자 알키비아데스가 말했대. "에뤽시마코스, 자네 말이 옳네. 하지만 술 취한 사람이 그렇지 않은 사람과 언변으로 경쟁하게 하는 것은 공정하지 못하네. 그리고 여보게, 자네는 소크라테스 선생님께서 방금 말씀하신 것이 사실이라고 믿나? 사실은 그분께서 방금 말씀하신 것과 정반대라는 것을 자네는 알아야 하네. 내가 그분의 면전에서 신이든 인간이든 다른 이를 칭찬하면 내게 손찌검이라도 하려 드는 사람은 바로 그분이란 말일세."

"말조심하게!" 하고 소크라테스 선생님께서 말씀하셨대.

알키비아데스가 말했대. "포세이돈에 맹세코, 선생님께서 부인하셔도 소용없어요. 나는 선생님 면전에서는 다른 어느 누구도 칭찬하지 못하니까요."

그러자 에뤽시마코스가 말했대. "그렇다면 소크라테스 선생님을 칭찬하게나. 자네가 원한다면 말일세."

알키비아데스가 말했대. "그게 무슨 말인가? 자네, 정말

로 내가 그랬으면 한다고 생각하나, 에뤽시마코스? 나더러 이
분을 공격하여 자네들이 보는 앞에서 복수하라는 건가?"

그러자 소크라테스 선생님께서 말씀하셨대. "이것 봐, 자
네 뭘 할 참인가? 나를 칭찬해서 웃음거리로 만들겠다는 건가,
아니면 뭘 하려나?"

"진실을 말하겠다는 거지요. 선생님께서 허락만 해주신
다면."

소크라테스 선생님께서 말씀하셨대. "진실이라면 허락하
고말고. 아니, 명령하겠네."

그러자 알키비아데스가 말했대. "그럼 당장 시작할게요. e
한데 선생님께서 지켜주셔야 할 게 있어요. 내가 사실이 아닌
말을 하면, 원하신다면 선생님께서 도중에 내 말을 막고 내가
거짓말을 한다고 일러주세요. 나는 거짓말을 할 의향은 조금
도 없으니까요. 하지만 내가 지난 일들을 회고할 때 순서가 바
꾸더라도 놀라지 마세요. 이렇게 술 취한 상태에서 선생님의 215a
기행(奇行)을 순서대로 유창하게 열거한다는 것은 결코 쉬운
일이 아니니까요.

여보게들, 나는 비유를 들어 소크라테스 선생님을 칭찬해
볼까 하네. 여기 이분은 아마도 내가 웃기려고 그러는 줄 아시

겠지만, 내가 비유를 드는 것은 웃기기 위해서가 아니라 진실을 말하기 위해서라네. 내 장담하건대, 이분은 조각가들의 작업장에 앉아 있는 실레노스[114]들을 빼닮았네. 조각가들이 목적(牧笛)이나 피리를 들고 있도록 만들었는데, 열어보면 그 안에 작은 신상(神像)들이 들어 있는 실레노스들 말일세. 내 또 장담하건대, 이분은 사튀로스[115]인 마르쉬아스[116]도 닮았네. 소크라테스 선생님, 선생님 외모가 이들을 닮았다는 것은 선생님 자신도 부인하지 못하시겠지요. 이어서 말씀드리려는 것은 선생님께서는 다른 점들에서도 이들을 닮으셨다는 거예요.

선생님은 무례하십니다. 아니라고요? 선생님께서 시인하지 않으시면 제가 증거를 댈게요. 선생님은 피리 주자가 아니시라고요? 하지만 선생님께서는 마르쉬아스보다 훨씬 더 놀라운 연주자입니다. 마르쉬아스는 입에서 나온 능력으로 악기를 이용하여 사람들을 매혹했고, 오늘날에도 우리는 그의 곡이 연주되는 것을 들으면 매혹돼요. 올륌포스[117]가 연주하곤 하는 곡을 내가 마르쉬아스의 곡이라고 말하는 이유는 마르쉬아스가 올륌포스를 가르쳤기 때문이죠. 그의 곡은 훌륭한 피리 주자가 연주하든 피리 부는 보잘것없는 소녀가 연주하든 유일하게 듣는 이들을 황홀하게 하며, 그 신적인 기원 때문에 신들과 입문 의식이 필요한 자들을 드러내 보여주지요. 선생님과

마르쉬아스의 유일한 차이점은 선생님께서는 악기를 사용하
지 않고 순전히 산문(散文)만으로 같은 효과를 거둔다는 겁니 d
다. 그래서 우리는 누가 이런저런 주제에 관해 뛰어난 연설을
하는 것을 들어도 사실상 거의 주목하지 않아요. 그런데 선생
님께서 말씀하시는 것을 우리가 직접 듣거나 남이 전하는 것

114 실레노스(Silenos)들은 그리스 신화에 나오는 숲의 정령들로, 기원전
6세기까지만 해도 사튀로스(Satyros)들과 동일시되곤 했다. 그들은 앗
티케(Attike) 지방의 도자기들에서 말의 귀와 또 때로는 말의 다리와 꼬
리를 갖고 있는 것으로 그려지곤 했다. 그러나 기원전 5세기에 그중 한
명이 개성을 갖게 되는데, 그가 바로 실레노스이다. 그는 배불뚝이 대머
리에 큰 귀와 사자코를 가진 유쾌한 노인으로 사튀로스들의 우두머리이
며 주신(酒神) 디오뉘소스의 교사이다. 실레노스는 늘 취해 있지만 지
혜롭기로도 유명했다. 만지면 모든 것이 황금으로 변했다는 프뤼기아
(Phrygia) 왕 미다스(Midas)가 자신의 정원을 찾아오곤 하던 실레노스
를 샘물에 포도주를 풀어 취하게 한 다음 사로잡아 그의 지혜를 떠보았
을 때, 그는 인간은 아예 태어나지 않는 것이 최선이고 일단 태어났으면
되도록 빨리 죽는 것이 차선이라고 대답했다고 한다.
115 사튀로스들은 그리스 신화에서 반인반수(半人半獸)의 음탕한 괴물로,
주신 디오뉘소스의 종자(從者)들이다.
116 마르쉬아스(Marsyas)는 피리의 발명자라고도 하고 아테나 여신이 버린
피리를 주워 피리를 자유자재로 연주할 수 있게 되었다고도 한다. 사튀
로스인 그는 아폴론 신과 연주 경연을 자청했다가 져서 산 채로 가죽이
벗겨졌다고 한다.
117 올륌포스(Olympos)는 여기서 소아시아 프뤼기아 지방의 전설 속 가인
(歌人)이다.

을 듣게 되면 전달자가 아주 보잘것없다 해도 듣는 사람이 여자든 남자든 어린아이든 모두 압도되고 매혹됩니다.

여보게들, 아무튼 나는 그런 말을 한다고 해서 자네들에게 거나하게 취한 사람으로 보이지 않는다면, 내가 전에 이분의 말씀을 듣고 어떤 경험을 했으며 지금도 어떤 경험을 하
e 는지 맹세하고 말했을 것이네. 이분에게 귀 기울이고 있노라면 나는 코뤼바스[118]들보다 더 심한 광기에 사로잡혀, 이분께서 하시는 말씀에 심장이 팔딱팔딱 뛰고 눈물이 흘러내린다네. 그리고 다른 많은 사람들도 같은 경험을 하는 것을 나는 본다네. 페리클레스[119]와 다른 연설가들의 말을 들을 때면 나는 그들이 말을 잘한다는 생각은 했지만 그런 경험까지는 해보지 못했네. 내 마음이 혼란에 빠지거나 내가 노예 상태에 있다는 생각에 분개한 적이 없단 말일세. 그러나 여기 계시는 이 마르쉬아스[120]의 말을 들은 뒤로 나는 종종 그런 상태가 되었고, 내 삶
216a 이 그런 상태라면 살 가치가 없다고 생각하게 되었네. 소크라테스 선생님, 선생님께서는 이것이 사실이 아니라고 부인하지는 못하실 거예요. 지금도 이분 말씀에 귀를 기울이면 어쩔 수 없이 똑같은 경험을 하게 되리라는 것을 나는 잘 알고 있네. 이분은 내가 부족한 점이 많은데도 나 자신은 돌보지 않고 아테나이인들의 정치로 분주하다는 것을 시인하지 않을 수 없

게 만들 테니 말일세. 그래서 나는 세이렌 자매[121]의 노래를 듣
지 않기 위해서인 양 두 귀를 막고는 마지못해 도망쳐 달아나   b
는 것이라네. 여기 이분 곁에 앉아 여생을 보내지 않으려고. 아
무도 내가 느끼지 못할 것이라고 생각할 감정을 세상에서 오
직 이분 앞에서만 느꼈는데, 그것은 다름 아니라 내가 누구에
게 수치심을 느끼는 것이라네. 그런데 바로 이분 앞에서 나는
수치심을 느낀다네. 나는 이분의 말씀을 논박할 수 없고, 이분
의 말씀대로 해야 한다는 것을 부인할 수 없으면서도, 이분 곁
을 떠나기만 하면 내가 대중의 인기에 연연하게 되리라는 것
을 잘 알고 있기 때문이라네. 그래서 나는 도망치는 노예처럼
이분 앞에서 달아나면서도, 이분을 만나게 되면 내가 이분에   c
게 약속한 것들 때문에 수치심을 느낀다네. 나는 또 이분이 이

---

118 코뤼바스(Korybas 복수형 Korybantes)들은 소아시아의 지모신(地母神)
퀴벨레(Kybele)의 시종들인데, 격렬한 춤과 노래로 여신에게 경의를 표
했다고 한다.

119 페리클레스(Perikles)는 기원전 5세기 중엽 아테나이에서 가장 영향력
있던 정치가이자 연설가이다.

120 소크라테스.

121 세이렌 자매(Scirenes 단수형 Seiren)는 반인반조(半人半鳥)의 요정들로,
지나가는 뱃사람들을 노래로 유혹하여 익사하게 했다고 한다. 『오뒷세
이아』 12권 37~54, 154~200행 참조.

세상에서 사라지는 것을 보면 좋겠다고 생각한 적이 한두 번이 아니라네. 하지만 그렇게 되면 내가 슬픔을 감당하지 못하리라는 것도 잘 알고 있네. 그래서 나는 여기 이분을 어떻게 대해야 할지 모르겠네.

　여기 계신 이 사튀로스[122]의 피리 연주로 나와 수많은 사람이 그런 경험을 하게 되었다네. 이번에는 이분이 내가 예를 든 비교 대상과 얼마나 닮았으며 얼마나 놀라운 능력을 지니고 계신지 보여주기 위해 자네들에게 다른 이야기를 들려주겠네.

d　명심해두게. 이분이 어떤 분인지 자네들은 아무도 알지 못하네. 하지만 기왕 말을 꺼냈으니 이분이 어떤 분인지 내가 밝히겠네. 자네들도 보다시피, 소크라테스 선생님께서는 아름다운 젊은이들을 사랑하여 그들과 어울려 다니고 그들에게 정신이 팔려 계시네. 이분은 또한 완전히 무지하여 아무것도 아는 것이 없네. 겉보기에는 말일세. 그 점은 실레노스[123]를 닮지 않았는가? 말할 필요도 없겠지. 하지만 이 모든 것은 실레노스의 조각처럼 겉모습에 불과하네. 그러나 여보게 술친구들, 이분을 열어젖히면 이분 안에 얼마나 많은 절제가 가득 차 있는지 자네들은 상상도 못할 걸세. 잘 알아두게. 이분은 아름다운 외모

e에는 전혀 관심이 없으며, 자네들이 상상할 수 있는 것 이상으로 아름다운 외모를 경멸하신다네. 그 점은 부(富)는 물론이고

대중의 눈에는 축복으로 보이는 다른 명예의 경우에도 마찬가지일세. 이분은 이런 부속물이 모두 아무런 가치도 없으며, 내 단언하건대, 우리가 아무것도 아니라고 여기신다네. 이분은 무식한 척 사람들을 놀려대며 평생을 보내고 계신다네. 그러나 이분이 진심으로 돌아가 자신의 속내를 내보였을 때, 자네들 가운데 누가 그 안에 들어 있는 상(像)들을 본 적이 있는지 217a 모르겠네만 나는 그 상들을 본 적이 있네. 그 상들은 신적이고 황금 같고 더없이 아름답고 놀라워 보여, 한마디로 말해 나는 소크라테스 선생님께서 시키시는 일이면 무엇이든 해야 한다는 느낌이 들었네. 그래서 나는 이분이 내 젊은 미모에 진심으로 관심이 있다고 생각하고는 이를 횡재이자 놀라운 행운이라 여겼다네. 나는 이분의 연동으로서 이분이 알고 있는 것이라면 무엇이든 이분한테 들을 위치에 있었으니까. 나는 내 미모에 자신만만했으니 말일세. 전에는 하인 없이 이분과 단둘이 있어본 적이 없지만, 마음속에 그런 생각을 품고부터는 나는 뒤따르는 하인을 돌려보내고 이분과 단둘이 있고 싶었네. (나 b 는 자네들에게 사실의 자초지종을 이야기해야 하니, 자네들은

122 소크라테스.
123 술 취한 실레노스.

정신 차리고 듣고, 소크라테스 선생님, 선생님께서는 내가 거
짓을 말하면 반박해주세요.)

여보게들, 나는 이분과 단둘이 있고 싶었고, 그러면 연인
이 연동과 단둘이 있게 되면 나눌 법한 대화를 이분이 당장 나
하고 나누실 것이라 생각하니 마음이 흐뭇했다네. 그러나 그
런 일은 일어나지 않았고, 이분은 늘 하시던 대로 나와 대화를
나누며 그날을 나와 함께 보내고 나서 떠나가시곤 했네. 그 뒤
c 나는 이분에게 운동하기를 청했고, 그래서 함께 운동도 했는
데, 그렇게 하면 성과가 좀 있을 줄 알았지. 그래서 우리 두 사
람은 다른 사람이 아무도 없을 때 여러 번 운동도 하고 레슬링
도 함께 했다네. 그런데 뭐라고 해야 되나? 그래도 나는 얻은
것이 아무것도 없었다네. 그런 방법으로는 아무것도 이루지
못하자 기왕 시작한 일을 포기하지 않고 이분에게 정면공격을
감행하기로 결심했네. 대체 일이 어떻게 되어가는지 알아야
했으니까. 그래서 나는 이분을 만찬에 초대했지. 나는 마치 연
인이고 이분은 내가 차지하려고 눈독을 들이는 연동인 것처럼
말일세. 이분은 내 초청에 선뜻 응하지 않더니 나중에서야 겨
d 우 초청을 수락하셨네. 처음 오셨을 때 이분은 만찬이 끝나자
마자 곧장 떠나고 싶어 하셨네. 그때는 붙들기가 창피해서 나
는 이분이 가시게 내버려두었네. 그러나 그다음에는 내가 계

략을 써서, 만찬이 끝난 뒤 밤이 되도록 계속 대화를 나누다가
이분이 가시려 하자 밤이 늦었다는 핑계로 억지로 머무르게
했지. 그래서 이분은 만찬 때 기대앉으셨던, 바로 내 옆에 있던
긴 의자에서 주무실 준비를 하셨는데, 그 방에서 자는 사람은
우리 두 사람 말고는 아무도 없었지.

여기까지는 내가 누구에게나 들려줄 수 있는 이야기지만,
그다음부터는 자네들이 내게서 듣지 못할 이야기라네. 첫째,
아이들이야 있건 없건 속담[124]처럼 취중에 진담이 나오지 않는
다면. 둘째, 소크라테스 선생님을 칭찬한다면서 선생님의 위
대한 업적을 언급하지 않는 것은 부당하다고 생각되지 않는다
면 말일세. 게다가 나는 뱀에 물린 경험이 있는 사람이 느끼는
것과 같은 고통에 시달리고 있네. 그런데 사람들이 말하기를,
뱀에 물려본 사람은 같은 일을 당해본 사람 말고는 누구에게
도 그 고통이 어떤 것인지 말하려 하지 않는데, 그 이유는 이런
사람들만이 그를 이해해주고 그가 괴로움을 이기지 못해 무슨
짓을 하고 무슨 말을 하든 용서해주기 때문이라지 않는가. 사
실 나는 뱀보다 더 심한 고통을 주는 것에게 가장 고통스러운

218a

---

124 '술과 아이들에 의해 사실이 탄로 난다'는 속담을 말한다. 그리스어
paides에는 '아이들'이라는 뜻도 있고 '노예들'이라는 뜻도 있다.

곳을 물렸다네. 심장이나 혼 또는 그 밖에 뭐라고 부르든 나는 그곳을 철학적 담론에 얻어맞고 물렸는데, 독사보다 더 심한 고통을 안겨주는 철학적 담론은 재능을 타고난 젊은이를 붙들
b 기만 하면 무엇이든 행하고 말하게 만들지. 여기 보이는 파이드로스, 아가톤, 에릭시마코스, 파우사니아스, 아리스토데모스, 아리스토파네스는—소크라테스 선생님과 그 밖의 다른 사람들은 굳이 언급하지 않더라도—모두 철학의 광기와 황홀경을 경험한 적이 있는 사람들이네. 그래서 나는 자네들에게 내 이야기를 들려주려는 것이네. 자네들은 내가 그때 행한 것과 지금 말하는 것을 모두 용서해줄 테니 말일세. 그러나 노예들과 그 밖에 비의에 입문하지 않은 속물들은 귀에 큼직한 대문을 달지어다!

c   여보게들, 아무튼 등불이 꺼지고 노예들이 방에서 나가자 나는 에둘러 말할 것이 아니라 내가 생각하고 있는 바를 이분에게 솔직히 말씀드리기로 결심했네. 그래서 나는 이분을 팔꿈치로 슬쩍 찌르며 말씀드렸지. '소크라테스 선생님, 주무세요?'

       '아닐세, 전혀' 하고 이분께서 말씀하셨네.

       '내가 어떤 결심을 했는지 아세요?'

       '대체 무슨 결심을 하였는가?' 하고 이분께서 물으셨네.

그래서 내가 말씀드렸지. '선생님께서는 내가 만난 사람들 가운데 유일하게 내 연인이 될 자격이 있는 분 같아요. 하지만 선생님께서는 내 앞에서 그런 말을 꺼내기를 망설이시는 것 같네요. 그래서 내 감정을 말씀드릴게요. 나는 이 일과 관련해서뿐 아니라 내 재산이나 내 친구들의 재산과 관련해서도 선생님에게 호의를 베풀지 않는 것은 아주 어리석은 짓이라고 d 생각해요. 나에게는 내가 되도록 훌륭한 사람이 되는 것보다 더 중요한 일은 없는데, 이런 일에는 선생님보다 더 효과적으로 나를 도와줄 분이 없다고 생각하니까요. 선생님 같은 분에게 호의를 베풂으로써 분별없는 사람들한테서 듣게 될 말보다는 선생님 같은 분에게 호의를 베풀지 않음으로써 분별 있는 사람들한테서 듣게 될 말에 나는 더 심한 수치심을 느낄 것 같아요.'

그러자 이분께서 여느 때처럼 짐짓 정색을 하고 들으시더니 대답하셨네. '친애하는 알키비아데스, 자네는 진실로 여간내기가 아닌 것 같네. 자네가 나에 관해서 말하는 것이 진심이 e 고, 내 안에 자네를 더 나은 사람으로 만들 수 있는 어떤 힘이 있다면 말일세. 자네가 내 안에서 보는 것은 자네의 미모를 훨씬 능가하는 불가항력적인 아름다움일 테니까. 만약 자네가 그것을 보고는 나와 흥정을 해서 아름다움을 아름다움과 바꾸려 한다면 자네가 나보다 더 큰 이득을 보겠다는 심산일세. 자네는 가짜 아름다움을 주고 진짜 아름다움을 얻고자 하는데, 이는 〈청동을 황금과 맞바꾸는〉[125] 것이 아니고 무엇이겠는가! 하지만 여보게, 꼼꼼히 살펴보도록 하게. 나는 사실 아무것도 아닌데 자네가 그걸 못 보고 놓치는 일이 없도록. 마음의 눈은 몸의 눈이 무뎌지기 시작할 때 예리하게 보기 시작하는 법인데, 자네는 그런 경지에 도달하려면 아직 멀었으니 말일세.'

이 말을 듣고 내가 말했네. '나는 심중의 생각을 정확히 말씀드렸어요. 이제 선생님께서 결정하세요, 우리 두 사람을 위해 무엇이 최선인지.'

그러자 이분께서 말씀하셨네. '그거 좋은 생각이야. 앞으로는 이 일뿐 아니라 다른 일들과 관련해서도 무엇이 우리 두 사람에게 최선이라고 생각되는지 의논해서 실행에 옮기도록 하세!'

이분과 그런 말을 주고받은 나는 시위를 떠난 내 화살이 이분을 정통으로 맞혔다고 생각했네. 그래서 나는 일어나 이분에게 말할 틈도 주지 않고 내 외투를 이분에게 덮어드리고—때는 겨울이었으니까—이분의 짧은 외투 밑으로 들어가 이 초인간적이고 놀라운 분을 두 팔로 껴안고는 밤새도록 누워 있었지. 선생님께서는 설마 내가 여기서 거짓말을 하고 있

다고는 말 못하시겠지요, 소크라테스 선생님. 그 모든 노력에
도 불구하고 이분은 나를 압도하며 내 청춘의 매력을 무시하
고 조롱하고 모욕하셨다네. 바로 그 점에 관한 한 내가 대단한
줄 알았는데 말입니다, 배심원 여러분. 내가 자네들을 이렇게
부르는 것은 소크라테스 선생님의 무례함을 심판할 사람들은
자네들이기 때문일세. 그리고 신들과 여신들의 이름으로 맹세
하건대, 내가 그날 밤 소크라테스 선생님과 함께 자고 아침에   d
일어났을 때 아버지나 형과 잤을 때와 전혀 다를 것이 없었네.

　그런 일이 있은 뒤로 자네들은 내 심경이 어떠했으리라고
생각하는가? 나는 한편으로는 무시당했다고 생각하면서도,
다른 한편으로는 이분의 성격과 절제와 용기를 감탄해 마지않
았네. 나는 그렇게 지혜롭고 인내력 있는 사람은 만날 수 없다
고 생각했는데 그런 사람을 만났으니 말일세. 그래서 나는 이
분에게 화를 내거나 함께하기를 그만둘 수도 없었고, 이분을
내 것으로 만들 수도 없었네. 나는 아이아스[126]가 창에 부상당   e

---

125 『일리아스』 6권 236행 참조. 트로이아에 원군으로 온 뤼키아(Lykia)군
　　　장수 글라우코스(Glaukos)는 순간적인 기분에 자신의 황금 무구를 그리
　　　스군 장수 디오메데스(Diomedes)의 청동 무구와 맞바꾸었다고 한다.
126 아이아스(Aias)는 트로이아 전쟁 때 아킬레우스에 버금가는 그리스군
　　　용장인데, 소가죽 일곱 겹으로 된 커다란 방패를 들고 다녔다.

하지 않는 것 이상으로 이분이 돈에 전혀 매수되지 않는다는
점을 잘 알고 있었고, 내가 이분을 사로잡을 것이라고 믿었던
유일한 덫도 이분은 이미 피해 달아났으니 말일세. 그래서 나
는 난감했네. 나는 그 누구도 다른 사람에게 그러지 못할 정도
로 이분에게 노예처럼 얽매여 있었으니까.

이런 일이 있은 뒤 우리는 함께 포테이다이아[127]로 출정
하여 그곳에서 한솥밥을 먹게 되었네. 그런데 맨 먼저 지적할
것은 고생을 참고 견디는 데서는 나를 포함해 어느 누구도 이
분을 당할 수 없었다는 것이네. 원정 중에 흔히 그러하듯 보급
이 끊겨 식량 없이 지내야 할 때면, 이를 참고 견디는 데서 다
른 사람들은 이분에 대면 아무것도 아니었네. 그러나 보급이
잘될 때면 이분만이 그것을 제대로 즐길 줄 아셨지. 무엇보다
도 이분은 애주가는 아니지만 마실 수밖에 없을 때는 아무도
이분을 당할 수 없었다네. 그러나 가장 놀라운 것은 세상 어느
누구도 소크라테스 선생님께서 술 취한 모습을 본 적이 없다
는 것이네. 이 점은 곧 증명되리라 생각되네. 아무튼 동장군이
기승을 부리는 그곳에서 이분은 혹독한 겨울 추위를 놀랍도록
잘 참고 견디셨네. 특히 기억에 남는 일이 있네. 한번은 가장
혹독한 겨울 추위가 찾아와 모두들 밖에 나가지 않았으며, 밖
에 나갈 때는 믿기지 않을 만큼 두껍게 옷을 껴입고 신발을 신

220a

b

은 위에 모전과 양털로 감발을 했네. 하지만 이분은 그런 날씨에도 늘 입고 다니던 가벼운 외투를 걸치고 밖에 나가셨는데, 맨발인데도 신발을 신은 다른 병사들보다 더 쉽게 얼음 위를 지나다니셨다네. 그러자 다른 병사들은 자기를 무시하는 줄 알고 이분을 흘겨보더군. 이 이야기는 이쯤 해두세. 그곳에 출 ᶜ 정했을 때

강력한 이분이 무슨 일을 행하고 참고 견뎠는지[128]

들어볼 만한 또 다른 이야기가 있으니 말일세. 하루는 이분이 이른 아침에 한곳에 서서 무언가에 대해 사색하기 시작하셨는데, 사색해도 진척이 없자 포기하지 않고 계속 그 자리에 서서 탐색하시더군. 한낮이 되자 모두들 이분을 알아보고 감탄하며 소크라테스 선생님이 이른 아침부터 무언가 사색에 잠겨 그곳에 서 있다고 서로 수군거렸다네. 이윽고 저녁이 되자 몇몇 이

---

127 포테이다이아(Poteidaia)는 에게 해 북안에 있는 도시로, 기원전 432년 이테나이의 지배에 반기를 들었으나 2년 동안의 포위공격 끝에 함락되었다. 투퀴디데스, 『펠로폰네소스 전쟁사』 1권 참조.
128 『오뒷세이아』 4권 242행.

d 　오니아인들이 저녁을 먹고 나서 시원한 곳에서 잠도 자고(때는 여름이었으니까) 이분이 밤새도록 그곳에 서 계시는지 지켜볼 겸 거적을 들고 나오더군. 이분은 아닌 게 아니라 날이 새고 해가 뜰 때까지 그곳에 서 계시다가 해에 기도를 올리고 나서 떠나가셨네.

　자네들이 원한다면 이분이 싸움터에서 어떻게 처신하셨는지 또 다른 일화를 하나 이야기하겠네. 이것도 당연히 이분에게 돌려드려야 하니까. 장군들이 내게 감투상을 준 바로 그 전투에서 내 목숨을 구해준 사람은 다름 아닌 이분이네. 이분
e 이 부상당한 나를 버리려 하지 않고 내 무구도 내 목숨도 구해주셨으니까. 소크라테스 선생님, 그래서 나는 그때 실제로 그 상은 선생님께 드려야 한다고 장군들에게 건의했지요. 선생님께서는 설마 내가 이런 말을 한다고 나무라거나, 내가 거짓말을 한다고 주장하지는 않으시겠지요. 그러나 장군들은 내 사회적인 지위를 고려하여 내가 상을 타기를 원했고, 선생님께서는 선생님보다는 내가 상을 타야 한다고 장군들보다 더 고집을 부리셨습니다. 하지만 여보게들, 그게 전부가 아닐세. 군대
221a 가 델리온에서 패하여 후퇴할 때[129]의 소크라테스 선생님의 모습을 자네들도 봤어야 하는 건데. 나는 그곳에서 기병으로 복무했고, 이분은 중무장보병이었네. 군사들은 뿔뿔이 흩어지고

이분은 라케스[130]와 함께 후퇴하고 있었네. 우연히 두 분과 마주친 나는 용기를 잃지 말라고 격려하며 두 분 곁을 떠나지 않겠다고 말했네. 그때 그곳에서 나는 소크라테스 선생님을 포테이다이아에 있을 때보다도 더 잘 지켜볼 수 있는 위치에 있었는데, 말을 타고 있어서 겁이 덜 났기 때문이지. 첫째, 이분은 라케스보다 훨씬 침착하셨어. 둘째, 내가 보기에 이분은 이 b
곳 아테나이에서처럼 그곳에서도 똑바로 걸으셨네. 아리스토파네스, 자네 표현을 빌리자면, 〈당당하게 활보하고 사람들을 어깨 너머로 보며〉,[131] 아군과 적군을 똑같이 침착하게 응시하며 그리고 누가 이분을 공격하기라도 하면 만만찮은 저항에 부딪힐 것임을 멀리 떨어져 있는 자에게도 분명히 하며. 그래서 이분도 이분의 전우도 무사히 후퇴할 수 있었네. 싸움터에서 적군은 대개 그렇게 처신하는 사람들은 공격하지 않고 허둥지둥 달아나는 자들을 뒤쫓는 법이니까. c

---

129 기원전 424년 아테나이인들은 북서쪽에 인접한 보이오티아(Boiotia) 지방을 침입하여 그곳의 해안도시 델리온(Delion)에 요새를 쌓은 뒤 주력 부대가 무질서하게 아테나이로 돌아가다가 보이오티아인들의 공격을 받아 참패한다. 『펠로폰네소스 전쟁사』 4권 참조.
130 라케스(Laches)는 펠로폰네소스 전쟁 때 아테나이 장군으로 소크라테스의 친구였다.
131 아리스토파네스, 『구름』(Nephelai) 362행.

소크라테스 선생님을 칭찬하기 위해 그 밖에도 놀라운 일은 많이 열거할 수 있다네. 그러나 이분의 행적 가운데 어떤 것은 아마 다른 사람들의 행적과 유사하다고 말할 수 있겠지만, 옛날 사람이든 지금 사람이든 이분과 비슷한 사람은 아무도 없다는 것이야말로 가장 놀라운 일이 아닐 수 없네. 이를테면 아킬레우스 같은 사람은 브라시다스[132]나 그 밖의 다른 사람들과 비교할 수 있고, 페리클레스 같은 사람은 네스토르와 안테노르[133] 등등과 비교할 수 있을 것이며, 다른 사람들의 경우에도

d   비슷한 비교 대상을 찾을 수 있을 걸세. 그러나 여기 이분은 이분 자신도 그렇거니와 말씀하시는 것도 너무나 특이하여 아무리 찾아봐도 지금 사람들 사이에서든 옛날 사람들 사이에서든 비슷한 사람을 찾아낼 가망이 전무하다시피 하네. 내가 앞서 말했듯이 이분을, 이분 자신과 이분이 하시는 말씀을, 인간이 아니라 실레노스들이나 사튀로스들과 비교한다면 또 몰라도.

이 점은 내가 첫머리에서 언급하려다 빠뜨린 것이기도 한데, 이분의 담론 역시 열어젖힌 실레노스 안에 들어 있는 상들과 매우 비슷하네. 누가 소크라테스 선생님의 담론들에 귀를

e   기울이면 처음 듣기에는 그 담론들이 아주 우스꽝스러워 보이니 말일세. 그도 그럴 것이, 이분은 모든 것을 실제로 무례한 사튀로스의 가죽 같은 단어와 어구들로 감싸기 때문이지. 이

분은 짐 나르는 당나귀나 대장장이나 갖바치나 무두장이를 언급하며 매번 같은 논리로 같은 말을 하는 것처럼 보여서, 그런 담론에 익숙하지 못한 지각없는 사람에게는 이분이 하시는 말 222a 씀이 우습게 들릴 수도 있으니까. 그러나 누가 이분의 담론을 열어젖히고 그 안으로 들어가면 이분의 담론이야말로 의미 있는 유일한 담론일뿐더러 가장 신적이며 미덕의 상들을 가장 많이 내포하고 있음을 발견하게 될 것이네. 게다가 이분의 담론은 가장 널리 적용된다는 것을, 아니, 아름답고 훌륭해지려는 사람이면 반드시 염두에 두어야 할 모든 것에 적용된다는 것을 알게 될 걸세.

여보게들, 이상이 내가 소크라테스 선생님을 칭찬하는 말일세. 그러나 나는 이분에 대한 불만도 빠뜨리지 않으려고 이분이 나를 어떻게 모욕하셨는지도 자네들에게 말했네. 그러나 b 이분은 나만 그렇게 대하신 것이 아니네. 글라우콘의 아들 카르미데스[134]와 디오클레스의 아들 에우튀데모스,[135] 그 밖에 다

---

132 브라시다스(Brasidas)는 펠로폰네소스 전쟁 때 활약한 스파르테의 뛰어난 장군이다. 『펠로폰네소스 전쟁사』 4권 참조.

133 네스토르(Nestor)는 트로이아 전쟁 때 뛰어난 언변으로 좋은 조언을 해주던 그리스군 노장이다. 안테노르(Antenor)는 트로이아(Troia)인들에게 좋은 조언을 해주던 원로이다.

수의 사람들이 같은 경험을 했으니, 이들은 이분이 자신들의 연인이라고 착각했지만 나중에 오히려 이분이 자신들의 연동이라는 것을 알았으니 말일세. 그래서 아가톤, 내 자네에게 경고하네. 그처럼 이분에게 속지 말고 우리의 경험을 교훈 삼아 조심하라고 말일세. 자네는 속담에 나오는 바보처럼 쓰라린 경험을 통해 배워서는 안 되네."

c 아리스토데모스에 따르면, 알키비아데스가 이런 말을 하자 그의 솔직함에 좌중에 웃음이 터져나왔대. 그가 여전히 소크라테스를 사랑하고 있는 것처럼 보였기 때문이지. 그러자 소크라테스 선생님께서 말씀하셨대. "알키비아데스, 자네는 전혀 취하지 않은 것 같네. 취했다면 자네는 그런 말을 하는 저의를 그럴듯하게 위장해 맨 마지막에 곁다리로 슬쩍 끼워넣지 않았을 테니까. 자네가 그런 말을 하는 진정한 이유는 아가톤

d 과 나를 이간시키려는 것이네. 자네는, 나는 자네 말고 어느 누구도 사랑해서는 안 되고, 아가톤은 자네 말고 어느 누구의 사랑도 받아서는 안 된다고 생각하니 말일세. 그러나 나를 속이지는 못하지. 자네의 사튀로스 극(劇)[136] 또는 실레노스 극은 플롯이 다 드러났으니까. 여보게 아가톤, 그가 성공하도록 내버려두어서는 안 되네. 아무도 우리 사이를 이간시키지 못하

도록 자네가 단속하게."

그러자 아가톤이 말했다. "소크라테스 선생님, 선생님 말 e
씀이 옳은 것 같아요. 그가 나와 선생님 사이에 기대어 누운 것
도 분명 우리 둘 사이를 갈라놓기 위해서였어요. 그러니 그가
성공하지 못하게 내가 그쪽으로 가서 선생님 곁에 누울래요."

소크라테스 선생님께서는 "제발, 이리 와서 내 오른쪽에
눕도록 하게" 하고 말씀하셨대.

그러자 알키비아데스가 말했대. "오오, 제우스시여! 내가
이분한테 또 당했구먼. 이분은 매번 나에게 이겨야 한다고 생
각하신단 말이야. 선생님, 적어도 아가톤이 우리 사이에 있게
는 해주셔야죠."[137]

---

134 카르미데스(Charmides)는 아테나이의 미남 청년으로, 소크라테스의 숭
배자 가운데 한 명이며 플라톤의 외삼촌이다.

135 여기에 나오는 에우튀데모스(Euthydemos)는 미남 청년으로, 소크라테
스의 열렬한 찬미자이다. 플라톤의 동명의 대화편에 나오는 소피스트와
는 다른 사람이다.

136 고대 아테나이의 비극 경연에서는 3명의 작가가 결선에 진출해 각각
3편의 비극과 1편의 사튀로스 극으로 이루어진 4부작으로 우열을 겨루
었다. 사튀로스 극이란 코로스가 주신 디오뉘소스의 종자들인 반인반수
의 시튀로스들로 분장한 까닭에 붙은 이름인데, 형식적으로는 비극과
유사하지만 내용은 우스꽝스러운 주제를 다루거나, 주제를 우스꽝스럽
게 다루기 때문에 희극에 가깝다.

소크라테스 선생님께서 말씀하셨대. "그건 안 되지! 자네가 나를 칭찬했듯이, 나도 내 오른쪽 사람을 칭찬해야 하니까. 그런데 만약 아가톤이 자네 오른쪽으로 자리를 옮기면 그는 나에게 칭찬받는 대신 나를 또 칭찬해야 하지 않을까? 여보게, 제발 그를 놓아주고, 내가 이 젊은이를 칭찬하는 것을 시새우지 말게. 나는 진심으로 이 젊은이를 칭찬해주고 싶네."

그러자 아가톤이 말했대. "얼씨구절씨구! 알키비아데스, 나는 도저히 이곳에 머무를 수 없어. 나는 무조건 자리를 옮겨 소크라테스 선생님한테 칭찬받아야 해!"

다시 알키비아데스가 말했대. "늘 이렇다니까. 소크라테스 선생님이 계시는 곳에서는 다른 사람은 아무도 미남을 차지할 수 없단 말일세. 선생님께서는 지금도 이 미남 청년을 당신 옆에 기대앉게 하려고 그럴듯한 핑계를 얼마나 손쉽게 찾아내시는가!"

이리하여 아가톤이 소크라테스 선생님 곁에 기대앉으려고 일어섰을 때 갑자기 한 무리의 술꾼들이 대문 밖에 도착하여, 누가 밖으로 나가며 대문을 열어둔 것을 발견하고는 곧장 연회장으로 들어와 자리를 잡기 시작했대. 모든 것이 소란에 휩싸여 질서가 사라진 가운데 모두들 엄청난 술을 마시도록 강요받았대. 아리스토데모스에 따르면, 에뤽시마코스와 파이드로스와 다른 몇몇 사람은 떠나가고, 그 자신은 잠이 꼬박 들었대. 그때는 밤이 긴 계절인지라 한참을 자다가 날이 밝으려 할 무렵 수탉들의 울음소리를 듣고서 잠에서 깨어났대. 그가 깨어서 보니 다른 사람들은 잠을 자거나 떠나고 없고, 아가톤과 아리스토파네스와 소크라테스만이 깨어서 왼쪽에서 오른쪽으로 돌아가며 큼지막한 잔¹³⁸으로 술을 마시고 있더래. 소크라테스 선생님께서는 여전히 이들과 대화를 나누고 계셨는데, 아리스토데모스에 따르면 자기는 그 대화의 첫 부분을 듣지 못한 데다 꾸벅꾸벅 졸았기에 그들의 대화 내용이 정확하게 기억나지 않지만, 요점만 말하자면 시인은 희극을 쓰는 재능과 비극을 쓰는 재능을 겸비해야 하며 유능한 비극작가는 희극작가이기도 하다는 데¹³⁹ 동의하도록 소크라테스 선생님께서 다른 사람

c

d

---

137 알키비아데스가 처음 들어왔을 때 왼쪽에서 오른쪽으로 돌아가며 아가톤, 알키비아데스, 소크라테스 순서로 앉았다. 그러나 소크라테스가 아가톤이 자신의 오른쪽으로 자리를 옮겨 알키비아데스, 소크라테스, 아가톤의 순서로 앉기를 원하자, 알키비아데스는 알키비아데스, 아가톤, 소크라테스의 순서로 앉기를 원한다.

138 phiale.

139 그러나 고대 그리스에서 실제로 비극작가가 희극을 쓰거나, 희극작가가 비극을 쓴 예는 없다.

들을 설득하고 계시더래. 다른 두 사람은 이에 동의하도록 강요받았으나 졸음이 와서 논의를 제대로 따라가지 못하고 아리스토파네스가 먼저 잠들고, 날이 밝았을 때는 이미 아가톤도 잠들었대. 그래서 소크라테스 선생님은 그들이 자도록 누이고는 일어나 떠나셨고, 아리스토데모스가 여느 때처럼 그분을 뒤따랐대. 소크라테스 선생님께서는 뤼케이온[140]에 가서 목욕하고 그날의 나머지 시간을 여느 때처럼 보내다가 저녁 무렵에야 주무시러 집으로 가셨대.

---

140 뤼케이온(Lykeion)은 아테나이 시 동쪽 성벽 밖에 있던 체육관 겸 공중 목욕탕이다. 나중에 아리스토텔레스가 이곳에 학교를 세운다.

사랑의 진리를 찾아서

「향연」 읽기, 사랑의 향연에서 진리의 향연으로

양운덕

양운덕(철학자)

고려대학교에서 헤겔 연구(「헤겔 철학에 나타난 개체와 공동체의 변증법」)로
철학 박사학위를 받았다. 복잡성의 사고틀(복잡성, 자기 조직, 카오스모스,
상상적인 것 등)을 중심으로 문학-철학-예술의 소통을 모색하고 있다. 연구
실 '필로소피아'에서 일반인을 대상으로 철학과 문학 고전들을 강의한다.
지은 책으로는 철학 입문서, '피노키오 철학 시리즈' (『피노키오는 사람인가,
인형인가』외 3권), 『보르헤스의 지팡이』, 『사랑의 인문학』, 『문학과 철학의
향연』 등이 있다.

사랑과 철학

플라톤의 대화편 가운데 『향연』(*symposion*)과 『파이드로스』 (*Phaidros*)는 사랑, 에로스를 다룬다. 하나는 사랑의 진리를, 다른 하나는 사랑의 신성한 광기를 주제로 삼는다.

그런데 왜 사랑인가? 사랑은 철학과 무슨 관련이 있는가? 이런 질문에는 철학, 곧 필로소피아(philo-sophia)가 '지혜'(sophia)와 '사랑하기'(philos)를 하나로 묶은 말이라고 답할 수 있다. 곧 사랑이 지향하는 대상이 지혜이고, 그런 지혜를 연인으로 삼아 사랑하는 것이다. 철학은 지혜에 대한 사랑이므로 사랑하기이다.

이것을 고전 그리스의 사랑 문화와 관련지어서 생각해보자. 그리스 고전 철학은 당시의 주도적인 에로스 담론인 연애술(erotike)을 수용하여 나름대로 변형시킨다. 당시의 남성 동성애는 사랑하는 자와 사랑받는 소년(연동)의 관계에서, 사랑하는 자가 이끌고 연동이 적절하게 저항하고 적절하게 수용하는 방식으로 전개되는데, 철학적인 에로스는 이를 출발점으로 삼으면서도 아름다운 몸에 그치지 않고 몸의 아름다움을 넘어서는 '아름다움 자체', 사랑의 진리를 지향한다.

철학적인 에로스는 아름다운 소년의 몸을 중심에 둔 사랑 방식을 진리에 대한 사랑으로 재구성하는 색다른 '모험'이다. 지혜-사랑은 변형된 연애술이자 진리-사랑하기이다. 그렇다면 이런 사랑은 통속적인 사랑, 일시적인 열정이 주도하는 사랑, 상이한 존재가 하나로 결합하려는 욕망과 어떻게 다른가? 왜 철학적 에로스는 진리를 사랑하는가? 형태가 없고 경험을 넘어서는 진리를 어떻게 사랑할 수 있는가?

사랑다움은 어디에?

우리 앞에는 수많은 사랑의 현상들, 저마다 다른 사랑 경험들이 있다. 이런 수많은 사랑들을 사랑답게 하는 '사랑다움', 또는 사랑의 진리는 무엇인가? 곧 사랑은 어떤 속성들을 지니고, 무엇이라 규정할 수 있고, 어떻게 알 수 있는 대상인가? 누구도 사랑을 모른다고 하지 않지만, 사랑이 무엇인지, 사랑을 사랑답게 하는 것이 무엇인지를 답하기는 어렵다. 어떤 이들은 사랑에 대한 강의를 하고, 사랑의 시를 쓰고, 사랑의 본질을 다루는 책을 낸다. 사랑에 대해서 많이 이야기하는 이들은 사랑을 잘 알고, 사랑의 진리를 주머니에 넣고 다니는가?

좀 쉬워 보이는 예로, 소금은 무엇인가? 누구나 알고 있듯 소금은 짜고, 희고, 입방체이고, 단단하고, 물에 잘 녹으며, 나트륨과 염소의 합성물(Na+Cl)이다. 이렇듯 소금의 속성들을 차례대로 나열하면 소금을 소금답게 하는 '소금다움'을 알 수 있는가? 소금다움이란 소금의 속성들 가운데 하나인가, 아니면 그것들 모두를 가리키는가? 도대체 소금에 소금다움이 있기나 한가? '소금다움'이 짜거나 단단하거나 희단 말인가? 소금다움은 희지도 짜지도 단단하지도 않다. 소금다움은 물에 녹거나 분해하면 염소와 나트륨으로 나뉘는 것도 아니다. 그러면 소금다움은 어디에 있는가? 소금 안에? 다른 어딘가에?

나무의 경우를 보자. 우리는 다양한 나무들을 '나무'라고 부른다. 이런 '나무'라는 개념 '안'에 모든 나무들을 나무답게 하는 무엇이 들어 있을까? 그런 것이 있다면 그것은 나무와 비슷한 것일까? 나무다움은 뿌리에도, 몸통에도, 가지들에도, 수많은 잎에도, 나무가 성장하고 쇠락하는 과정에도 들어 있지 않다. 나무다움은 싹이 트는 것도, 가지가 자라는 것도, 꽃이 피는 것도, 광합성을 하는 것도 아니다. 나무다움은 이런 계기들 안에 있지 않다. 그러면 나무다움은 무엇이고, 어디에 있는가? 나무들을 가능하게 하는 나무다움을 설명하지 않고도 나무에 대해서 알 수 있는가?

분명한 것은 나무다움은 나무의 속성 가운데 하나도 아니고, 나무 안에서도 찾을 수 없다는 점이다. 그것은 나무 안에 숨어 있지도 드러나 있지도 않다. 또한 나무가 성장한다고 나무다움이 더 커지는 것도 아니고, 나무가 사라진다고 하여 나무다움이 사라지는 것도 아니다. 나무다움은 어떤 나무 가운데 하나도 아니고 '나무 같은 것'도 아니다.

다시 사랑에 대해서 물어보자. 사랑은 무엇인가? 사랑을 사랑이게 하는 '사랑다움'은 무엇인가? 그것은 어디에 있는가? 어떻게 찾거나 알 수 있는가?

사랑을 겪으면서 느낀 감정이나 상태, 사랑에 따른 다양한 경험을 나열하거나 종합한다고 해서 '사랑다움'을 알 수는 없다. '사랑다움'은 사랑의 경험 가운데 하나도 아니고, 그런 경험을 모아놓은 곳에 있지 않다. 또한 그것은 사랑의 행위 안에 있지 않고, 사랑 안에도 있지 않다. 그러므로 사랑의 경험과 속성들로는 (사랑을 사랑이게 하는) 사랑의 본질, 또는 사랑의 진리를 알 수 없다. 사랑다움은 사랑스러운 것도, 사랑과 미움을 종합한 것도 아니다.

그러면 '사랑이란 무엇인가'라는 질문에 답할 수 없는가?

사랑의 진리가 사랑을 넘어선 곳에 있다면 그 진리를 어떻게 사랑할 수 있는가?

이런 질문을 앞에 두고 플라톤의 사랑에 관한 대화편을 읽어보자. 지혜의 친구들이 주고받으며 즐기는 담론과 향연에서 사랑을 어떻게 이해하고, 사랑다움을 어떻게 찾아가는지 살펴보자.

에로스 신은 모든 선의 근원이시다

사랑에 대한 첫 번째 예찬자인 파이드로스는 에로스가 위대하고 놀라운 신이라고 칭송한다. 에로스 신이 신들 가운데서도 최고의 존재라고 추켜세우기 위해서 (발생과 관련해서) 에로스가 가장 오래된 신이라는 주장들을 인용한다. 그에 따르면, 이런 에로스 신이 모든 것의 근원, 특히 모든 '좋은 것'의 근원이다. 사랑을 '선'의 관점에서 파악하면서 그는 당시의 연애술을 바탕에 둔 예를 든다. 어렸을 때부터 미소년이 사랑하는 자를 만나는 것이나 사랑하는 자가 고결한 연동을 만나는 것보다 더 좋은 일은 없다는 것이다.

고전 그리스의 동성애에 대한 이해가 전제되지 않으면 이런 예는 당황스럽거나 받아들이기 어렵다. 고전 그리스에서는 성인 남성이 미소년을 사랑하는 관계를 자연스럽게 받아들인다. 이 연애술에서는 사랑하는 자(erastes)인 성인 남성이 사랑받는 자(eromenos)인 연동을 사랑하면서 그를 유덕하고 지혜로운 자로 키우는 데 관심을 갖는다.[1] 사랑하는 자가 능동적인 행위 주체가 되므로 이 관계는 대칭적이거나 대등하지 않다. 유혹하는 자는 좋아하는 연동을 보고 싶어서 어쩔 줄 모르고, 자기의 모든 것을 주고 싶어하고, 스킨십을 원하고, 그를 놓치지 않으려고 애쓴다. 이때 연동은 수동적 지위에 있지만 아무에게나 아무 때나 아무렇게나 몸을 내맡기면 비난받는다. 그러니까 적절하게 저항하고, 나름대로 한계를 세워서 절제의 미덕을 보여주어야 한다.[2]

파이드로스에 따르면, 아름다운 삶을 추구하는 이에게는 일생 동안 그를 이끄는 사랑이 혈연, 공직, 부(富)보다 중요하다. 사랑하는 사람들은 추한 것을 부끄러워하고, 아름답고 훌륭한 것들을 열망하기 때문이다. 그는 이런 사랑 없이는 국가나 개인이 "크고 아름다운 일들"을 이룰 수 없다고 주장한다.

사랑하는 자는 연동 앞에서 부끄럽거나 추한 짓을 하지 않을 것이다. 그런 짓이라면 아버지나 동료들보다도 연동에게 들키는 것을 가장 고통스러워할 것이다. 이는 연동의 경우도 마찬가지이다. 이런 까닭에 국가나 군대를 '사랑하는 자들과 연동들'로 조직한다면, "그들은 추한 것은 멀리하고 서로 경쟁적으로 명예를 추구"할 것이다. 사랑하는 사람들이 함께 전투에 나간다면 "소수라 해도 말 그대로 전 세계를 정복할 수" 있다. 사랑하는 자나 연동이 보는 앞에서 도망치지 않을 것이고, "곤경에 빠진 연동을 버려두지" 않을 것이고, "불명예보다는 죽음"을 택할 각오로 싸울 것이므로.

파이드로스는 사랑하는 사람들이 기꺼이 죽음을 택한 예를 든다. 알케스티스가 남편을 위해 기꺼이 죽으려 한 경우는 바람직하지만, 오르페우스가 에우리디케를 찾아 지하 세계인 하데스까지 갔으면서도 아내를 위해서 죽을 용기가 부족했던 점은 비난한다. 트로이 전쟁 때의 아킬레우스와 파트로클로스

---

1   사랑받는 미소년의 육체적 매력은 영속적인 것이 아니므로 성인이 되면 더 이상 사랑받을 수 없고 사랑하는 자가 되어야 한다. 이런 '소년애'는 일정한 시기에 국한된 '유한한' 사랑이다. 그리고 이렇게 사랑하고 사랑받는 관계에서는 무엇보다도 미소년을 바람직한 시민으로 성장시키는 것을 중시한다. 이는 도시국가의 어린 남성을 어떻게 성장시킬 것인가라는 문제와 밀접하게 연과되어 있다.

2   비대칭성에 바탕을 둔 이 사랑 모델에서 관건은 소년의 자제 능력이다. 성인 남자의 유혹을 얼마나 잘 극복하고, 너무 쉽지도 너무 까다롭지도 않게 요구를 받아들일 것인가, 곧 언제 적절하게 자기 몸을 허락할 것인가를 선택하는 문제이다. 사랑은 성인이 주도하지만 결정권은 소년 쪽에서 쥐고 있다. 소년은 이런 시험과 성장 과정을 잘 통과해야만 바람직한 시민이 될 자격을 얻는다.

의 경우도 (아름다운 우정을 보여주는 예가 아니라) 사랑을 위해서 목숨을 바친 사례라고 본다.

이어서 파이드로스는 사랑하는 자와 연동의 관계를 언급한다. 신들은 '사랑의 덕'을 귀하게 여기는데, 사랑하는 자가 연동을 사랑하는 것보다는 연동이 사랑하는 자에게 애정을 가질 때, 더욱 칭찬받고 존경을 얻는다. (이는 연동이 사랑하는 자의 구애를 어떻게 받아들이는가가 중요한 문제임을 환기시킨다.) 성인 남자는 연동에 비해서 신의 영광을 더 많이 지닌 존재이므로 그가 연동을 이끌어야 하고, 연동 쪽에서는 사랑을 통해 배움을 얻는다. 이처럼 파이드로스는 에로스가 가장 오래되고, 존경받을 만하고, "살아 있거나 죽은 후에도 미덕과 행복"을 준다고 예찬한다.

그렇다면 에로스 신은 항상 선한 결과만을 낳는가? 모든 사랑은 좋은 것이고, 사랑에는 어두운 측면이나 부정적인 효과는 없는가?

고귀하고 아름다운 사랑의 이름으로

파우사니아스는 에로스 예찬론에 선/악의 가치대립을 끌어들이고 바람직한 에로스만을 예찬한다. 이는 에로스가 그 내용과 특성에 따라 구별되고, 무절제하고 추한 에로스까지 예찬할 수는 없다고 보기 때문이다.

그는 아프로디테와 에로스를 연결시켜 아프로디테 여신이 둘인 것처럼 에로스도 둘이라고 본다.[3] 고상함의 정도에 따라 지상의 범속한(pandemos) 아프로디테와 고상한 천상의 (ourania) 아프로디테가 있듯 에로스 역시 범속한 에로스와 고귀한 에로스가 있다. 그러면 어떤 사랑이 고귀한 것인가?

그는 먼저 행위란 그 자체로 좋거나 나쁜 것은 아니라고 말한다. "술을 마시거나 노래를 부르거나 대화를 하거나" 어떻게 행하는가에 따라 아름답거나 추하다. 그는 사랑을 무조건 긍정하지 않고, "어떻게, 어떤 방식으로 사랑하는 것이 바람직한가"를 질문한다. 그에 따르면, 바르고 아름다운 에로스만을 찬미해야 하는데, 남녀를 가리지 않는 사랑은 무분별하고 저속하다. 성인 남자가 (미소년만을 사랑하지 않고) 여자까지 사랑하면 무분별한 것이고, 영혼이 아니라 육체만을 사랑하면

---

3 성 또는 성적 쾌락을 뜻하는 '아프로디지아'(aphrodisia)는 사랑의 여신인 아프로디테의 행위(erga aphrodites)에서 나온 말이다. 고전 그리스인은 성적 행위 자체를 부정적인 것으로 보지 않고, 능동적으로 그것을 누리느냐, 아니면 수동적인 노예가 되느냐에 주목한다. 그들이 부도덕하다고 본 것은 무절제하거나 수동적인 상태로 끌려다니는 상태이다. 따라서 '어떻게 과도한 힘을 지닌 성적 욕망과 맞서서 자기 나름대로 제어할 수 있는가'가 도덕적 주체에게 중요한 문제이다.

추하다. 그래서 어리석은 소년을 고르고, "일을 치르는〔성적 쾌감을 얻는〕데에만" 열중해서 소년을 "아름답게 하는 것"에 관심이 없는 저속한 경우를 비판한다.

반면 고상한 사랑은 "더 강하고 더 지성적인" 소년을 사랑하고, 몸보다는 영혼을 사랑하고, 사랑받는 소년의 영혼을 성숙하고 지혜롭게 성장하도록 이끌어야 한다. 이런 사랑 모델은 소년의 지성이 싹틀 때 사랑을 시작하고, 일정한 시기가 지나 성숙하면 에로스를 넘어서 우정(philia)의 관계를 유지해야 한다. 철도 들지 않은 소년을 사랑한답시고 속이고 조롱하다가 다른 소년에게 가버리는 것은 비난받는다. 사랑받는 소년의 성장과 도야를 중요한 것으로 여기기 때문이다.

이런 맥락에서 파우사니아스는 무분별하게 철없는 소년을 사랑하지 못하게 할 법률(nomos)이 필요하다는 제안을 내놓는다. 그는 문명화된 곳이라면 동성애를 인정하는데, 야만적인 참주정에서는 "소년을 사랑하는 일뿐만 아니라 철학과 체력 단련"을 추하다고, "사랑하는 이들에게 다정하게 대하는 것"을 추하다고 여기는데, 이는 "치자들의 탐욕과 피치자들의 비겁함" 때문이라고 비판한다. 사랑하는 방식과 정치 공동체의 구성원을 훈육하는 방식이 같은 원리라고 보는 것이다. 사랑은 개인 간의 관계뿐 아니라 앞으로 공동체를 이끌 청년을 정치적으로 훈련시키는 과정이기도 한 것이다.

공공연한 동성애가 몰래하는 사랑보다 좋고, 외모가 아름답지 않아도 고귀하고 뛰어난 사람을 사랑하는 쪽이 좋다고 본다. 물론 사랑 자체가 아니라 돈이나 명예, 권력만을 목적으로 삼는 경우는 바람직하지 않다.

이렇게 '사랑하는 방식'에 따라 아름답거나 추한 사랑을 구별한다면, 추한 사랑은 "못된 사람에게 못된 방식으로 다정하게 대하는 것"이고, 아름다운 사랑은 "쓸 만한 사람에게 아름다운 방식으로 대하는" 것이다. 영혼보다 몸을 사랑하는 자와 맺는 관계는 불확실해서 "사랑했던 몸의 꽃이 시들자마자" 날아가버리곤 한다. 하지만 (아름다운 외모에 구애받지 않고) 훌륭한 사람을 사랑하는 경우는 충실하고 영속적인 사랑을 추구하게 된다.

그는 사랑하는 자와 연동에게 부과되는 과제와 관련해서 사랑이 성숙할 때까지 기다리는 것이 바람직하고, 연동이 너무 빨리 사랑을 받아들이는 것은 추하다고 지적한다. 연동은 적절한 때에 구애에 응하거나 거절해야 한다. 욕망 앞에서 자제력을 지니고 결정하는 자유로운 존재임을 보여주어야 한다. 이런 맥락에서 파우사니아스는 사랑하기 때문에 자발적으로 봉사하는 것은 노예적이라고 보지 않는다. 사랑하는 자가 연동을 위해서 기꺼이 "종노릇"하는 것처럼, 연동 쪽에서도 더 훌륭한 지혜와 덕을 갖추기 위해서 사랑하는 자에게 기꺼이 봉사하는 것은 추하다고 할 수 없다.[4]

우주적 조화, 또는 사랑의 건강학

의사인 에뤽시마코스는 우주의 원리인 에로스를 건강과 병의 관점에서 해석한다.[5]

그는 앞서 나온 관점의 연장선상에서 '건강한' 사랑과 '병 든' 사랑을 구별한다. 바람직하고 건강한 에로스는 화합과 조화를 낳지만, 그렇지 않은 에로스는 불화와 질병을 낳는다. 그는 파우사니아스와 마찬가지로 에로스를 바람직한 것과 그렇지 않은 것으로 나누어서, ("훌륭한 이들에게 다정하게 대하는 것이 아름답다"고 보듯이) 신체 안에 있는 좋고 건강한 요소를 기쁘게 해주는 것이 아름답다고 본다. 몸의 경우에도 훌륭하고 건강한 것들에게 잘 대해야 하며, (방종한 자들에게 다정하게 대해서는 안 되는 것처럼) 몸에 나쁘고 병을 낳는 것에 대해서 호의를 베풀어서는 안 된다.

이렇게 볼 때, 의술은 병든 몸이 사랑하는 방식을 바꾸도록 이끌고, 몸에 부족하거나 없는 사랑을 만들어내고, 해로운 사랑은 제거하는 기술이다. 그 원리는 대립을 조화시키는 것이어서, 몸 안에서 적대적인 것들—차가운 것과 따뜻한 것, 단것과 쓴 것, 마른 것과 축축한 것—을 서로 사랑하게 한다. 우주의 경우도 마찬가지인데, 뜨거운 것과 차가운 것, 마른 것과 축축한 것이 질서 있는 에로스를 통해서 절제된 조화를 얻으면 인간·동물·식물이 번성하고 건강해진다.

이런 원리는 음악에도 적용된다. (활과 뤼라의 조화처럼) "불화하는 것을 화합하도록 함"이 바람직하므로, 고음과 저음을 적절한 기술로 일치시켜 화음을 만들고, 빠른 것과 느린 것이 다투다가 일치하면 리듬이 생겨난다.

이처럼 의술과 음악은 에로스를 통해서 대립하는 것들을 서로 사랑하게 해서 조화를 얻는 기술이다. 에로스는 곡조·운율을 만드는 작곡은 물론이고 교육의 원리이기도 하다. 의술은 "질서 있는 자들에게 다정하게 대하고 이들의 에로스를 지키는" 아름다운 천상의 에로스를 가능하게 한다.

---

4   파우사니아스는 사랑에 관한 규범과 지혜와 덕에 관한 규범이 서로 보완적이라고 본다. 사랑하면서 다정하게 대하는 연동에게 봉사하는 것과 자기를 지혜롭고 현명한 자로 만들어주는 이에게 봉사하는 것은 정당하다.

5   그는 에로스가 영혼에만 있는 것도 아니고, 인간의 아름다움에 대한 감정에 국한되지 않으며, "신적인 것과 동·식물을 비롯한 모든 것"에 있는 우주적인 원리라고 본다.

에로스가 만드는 대립과 조화의 변증법은 정치적 원리, 우주 만물의 원리이기도 하다. "절제와 정의를 갖춘" 에로스는 행복한 삶을 마련하고 인간들의 관계뿐 아니라 "신과 인간들의 관계"도 조화롭게 한다.

에뤽시마코스는 무절제와 과도한 힘 때문에 사랑을 일종의 병으로 보는 견해와 달리, 건강한 사랑이 조화를 낳으므로 사랑의 힘으로 욕망의 노예가 되지 않고도 조화로운 삶과 건강을 누릴 수 있다고 본다.

불완전한 두 존재, 온전한 하나 되기

아리스토파네스는 '잃어버린 반쪽 찾기'라는 가설을 제안하는데, 오늘날까지도 널리 알려진 사랑의 담론을 제공한다. 원래 인간의 성은 남성(태양), 여성(대지), 그리고 남성-여성(달)이 한몸인 세번째 성도 있었다는 신화를 소개한다. 네 팔, 네 다리, 서로 다른 방향을 향하고 있는 두 얼굴에 음부(陰部)까지 둘인 이들은 몸이 둥글고 재빠른데다 힘도 강해서 신들까지 공격했다고 한다. 제우스는 이 골치 아픈 존재들을 약화시키기 위해서 그들을 "두 쪽으로" 갈라놓는다.

그렇게 '하나의 자기'가 두 '자기들'로 갈라지자 저마다 자신의 '잃어버린 반쪽'을 만나서 다시 하나가 되려고 애쓴다.

자기의 반쪽을 만나면 "서로 부둥켜안고 아무 일도 하지 않고 그저 껴안은 채로 죽기까지" 한다. 이런 어이없는 꼴을 불쌍히 여긴 제우스는 음부를 앞으로 옮겨놓는다. 그래서 "남자는 여자의 몸속에서 생식이 가능하도록 하고", 남자-남자는 서로 포옹하면서 욕망을 진정시킴으로써 숨을 돌린 뒤 다른 삶을 돌볼 수 있게 된다.

이 신화 속 사랑하기는 어떤 의미를 갖는가? 사랑은 자신의 다른 반쪽과 결합해서 '온전한 하나'를 회복하려는 열정이다. 불완전한 존재들은 자신들의 존재론적 불완전함을 극복하고자 하는데, 이런 결핍은 사랑을 통해서만 충족될 수 있다.

그런데 남성과 여성이 서로를 그리워하는 두 반쪽이라면, 그들이 갈라지기 전 최초의 '하나'가 남성이기도 하고 여성이기도 한 기묘한 존재, 자웅동체이자 양성적인 존재라고 가정해야 한다. 결과의 측면에서 남녀의 결합이 '자연스럽다'고 해서 처음부터 남자이자 동시에 여자인 기묘한 존재라고 가정하는 것은 자연스러운가? 이보다는 한 남성과 다른 남성이 사랑하는 경우, 또는 두 여성으로 나뉜 이들이 하나가 되려고 애쓰는 경우가 원래 하나였다가 쪼개진 것이라고 보는 쪽이 더 쉽게 이해될 것이다. 어쨌든 이 가설이 이성애를 특권화하려는 것인지, 오히려 그 반대 경우를 설명하기 위한 것인지 단정하기는 어렵다.

아리스토파네스는 원래 여성이던 반쪽들은 남자에게는 관심이 없고 오히려 여자에게 이끌리다가 자기의 다른 반쪽을 찾으면 온전한 여인 공동체를 추구한다고 본다―시인 사포를 중심으로 한 여성 공동체의 예가 대표적이다. 마찬가지로 원래 남성을 나눈 두 반쪽들은 다른 남성을 찾는다. 아리스토파네스는 이런 사랑에 이끌리는 자들이 '용기 있고', '남성적'이라고 지적한다. 소년들은 이런 사랑을 통해서 덕과 지혜를 갖추도록 훈련받는다. 그들은 자신이 성인이 되면 아름다운 소년을 사랑해서 결혼이나 가정에 별다른 관심을 갖지 않는다. 그들은 (관습의 강요로 결혼하기도 하지만) 자기와 닮은 자를 사랑한다. 물론 당시의 사랑 풍습에 바탕을 둔 이런 주장에 대해서 향연 참가자들은 누구도 이의를 제기하지 않는다.

이처럼 아리스토파네스의 틀은 동성애와 이성애를 구별하지 않는 문화, 사랑의 대상이 남성이건 여성이건 문제 삼지 않는 문화를 출발점으로 삼는다. 이런 맥락을 떠나서 이 가설을 그대로 이성애 모델에 대입해서 (남성이자 여성인 존재로) '하나 되기'를 주장하는 경우는 흔하다. 어쨌든 아리스토파네스는 사랑이 온전한 하나가 되려는 노력이고, '완성을 추구하는 욕망'이자 완전한 하나로 다시 태어나는 것이라고 본다.

요컨대, 고전 그리스의 연애술은 성인 남자가 연동을 통해 원래의 본성을 되찾을 수 있고, 완전하고 고귀한 사랑은 자기에게 알맞은 소년을 사랑하고 자기의 다른 반쪽인 연동을 덕과 지혜를 갖춘 시민으로 키우고 미래의 공동체를 이끌 수 있도록 훈육하는 과정이다. (아리스토파네스는 자신의 주장이 모든 남자, 여자에게 해당된다고 하지만, 인류가 행복해질 수 있는 '완전한' 사랑은 각자가 '자기의 소년'을 얻어 본래 모습으로 돌아가는 것이라고 본다.)

미덕과 지혜가 넘치는 에로스, 아름답고 고귀한 신

아가톤은 에로스에 대한 이런 찬사들이 올바른 방향에서 벗어났다고 본다. 에로스가 준 선물을 찬미했을 뿐 에로스 신 자체에 주목하지 않기 때문이다. 그는 방향을 바꾸어서 사랑의 효과보다는 사랑 자체에 주목한다.

사랑이 낳은 좋은 결과, 에로스 신이 준 선물을 칭찬하려면 먼저 그 원인이자 그 선물을 주는 '에로스 신 자체'를 알아야 한다. '사랑이 무엇인지' 모르면서 사랑을 찬미할 수는 없지 않은가. 사람들이 사랑에 부여하는 다양한 찬사는 에로스 신이 지닌 속성들이다. 사랑하는 사람들이 행복을 느낀다면, 이는 사랑의 신이 행복하고 행복을 선물로 주기 때문일 것이다.

물론 에로스 신은 신들 가운데서도 "가장 아름답고 훌륭하기 때문"에 행복하다. (고전 그리스인들은 내가 행복한 경우 내 능력만으로 행복을 얻는 것이 아니라 신적인 힘이 행복을 선물한 것으로 여기고 신에게 감사한다. 그 자신이 행복의 원인이 아니므로 신이 선물한 행복을 누리는 행운을 겸손하게 받아들인다.)

또한 에로스는 가장 젊고 부드러운 신인데, "발이 부드러워 땅 위를 걷지 않고 사람들의 머리 위로 다닌다"(호메로스)는 아테(Ate)처럼 부드러움 속에서 살아간다. 그는 거칠고 딱딱한 영혼을 멀리하고 부드러운 영혼에 머무르고 가장 부드러운 것들과 접촉한다.

균형 잡힌 몸을 지닌 우아한 에로스는 꼴사나움과 다투며, 아름다운 자태로 "꽃들이 만발한 향기로운 곳"에 머무른다.[6] (에로스가 가는 곳마다 아름다움이 꽃피고 사랑에 빠진 이들에게 그들의 연인은 더없이 아름답게 보이곤 한다.)

또한 아름다운 에로스는 덕성스럽다. 에로스는 누구에게 불의를 행하지도 불의를 당하지도 않는다. (사랑하는 자는 사랑받는 이에게 폭력을 행사하지 않으며 그런 폭력을 당하기를 원하지도 않는다.) 누구나 에로스에게 자발적으로 봉사하기 때문에 억지로 힘을 내세울 필요도 없다.

또한 국가의 법들이 정의롭다면 에로스는 정의뿐 아니라 절제의 미덕까지 지닌다. (이런 절제의 원리는 고전 그리스 성 문화에서 중요하다. 그들은 욕망과 쾌락 자체를 비난하지 않으며 그것이 지닌 난폭한 힘을 방치해 성적 욕망이 과도하거나 무절제한 경우를 비난한다. 쾌락에 맞서는 윤리적 훈련은 무절제한 욕망에 맞서서 욕망의 주인이 되는 능력, 자제하는 능력과 훈련을 중시한다. 자기의 욕망에 굴복한 자는 자신에게 패배한 자에 지나지 않는다.)

아가톤은 에로스가 절제의 미덕을 지니는 이유를 기묘하게 제시한다. 그는 어떠한 쾌락도 에로스만큼 강할 수 없다고 주장한다. 쾌락 가운데 에로스가 가장 강한 것이라면 다른 쾌락은 에로스보다 약할 수밖에 없으니 에로스에게 결국 지배당할 것이라고 추론한다. 그렇게 에로스가 모든 쾌락과 욕망을 지배한다면 (다른 쾌락 따위에 관심을 갖지 않아서) 두드러진 절제력을 지닌다고 할 수 있다는 것이다.

에로스의 용기는 전쟁의 신 아레스도 감히 맞서지 못할 정도라는데, 용기의 대명사인 아레스조차도 사랑하는 아프로디

6   사랑하는 자는 사랑의 신이 이끄는 대로 꿀사나움을 피해 아름다움, 특히 사랑받는 자의 아름다운 몸을 추구한다고 해석하면 이해하기 쉽다.

테 앞에서 꼼짝 못한다면, 아레스를 붙잡고 있는 에로스와 에로스에 붙잡혀 있는 아레스 가운데 누가 더 용기 있다고 해야 할까? (아무리 용기 있는 자라도 사랑에 빠지면……)

에로스는 다른 이들까지도 시인으로 만들 정도로 지혜롭다. 자신이 지니지 않은 것을 누구에게 줄 수는 없으므로 에로스가 시정(詩情)을 선물한다면 에로스 자신이 시인일 수밖에 없다. 에로스의 손길이 닿기만 하면 누구나 시인이 되고 만다.[7]

모든 생명은 에로스의 산물이므로 에로스의 지혜 없이는 탄생의 힘을 설명하기도 어렵다. 게다가 이 신이 기술을 가르치면 유명해지고 두각을 드러내는데, "무사 여신들은 시 짓는 기술에서, 헤파이스토스는 대장장이 기술에서, 아테나는 직조 기술에서, 제우스는 신과 인간을 조정하는 데서 에로스의 제자"라고 할 수 있다. 예전에 운명의 여신 아낭케(Ananke)가 지배할 때는 신들끼리 다투었지만, 에로스가 나타난 뒤에는 아름다운 것들을 사랑하고 다투지 않아 훌륭한 질서가 마련되었다고 한다.

이는 에로스가 가장 아름답고 훌륭해서 다른 존재들에게 영향을 미치고 그들을 자기처럼 만들기 때문이다. 에로스가 가는 곳에는 평화가 깃들고, 서로 서먹서먹하지 않고 친근함이 두드러진다. 모든 곳에 호의가 넘치고, 악의는 사라진다. 에로스는 자비롭고 친절해서 현자에게는 볼거리이고 신들에게는 찬탄의 대상이다. "그 몫을 나누어 받지 못한 자들은 탐내고, 그 몫을 넉넉히 나누어 받은 자는 귀중한 재산으로" 여긴다. (이처럼 에로스는 아름다움과 훌륭함을 낳는 원인일뿐더러 지혜의 원천이므로 진, 선, 미를 모두 갖춘 존재이다. 고전 그리스에서 아름다움, 덕성, 진리는 하나로 이어지고 서로 보완한다.) 에로스는 "사치, 풍요, 화사함, 갈망, 동경의 아버지"이고, 훌륭한 사람들을 돌보고 "괴로울 때, 두려울 때, 그리울 때, 말할 때" "가장 믿음직한 키잡이요, 전우이자 구원자"이다.

그렇다면 에로스가 없는 삶은 어떠할까? 에로스는 좋은 결과만을 낳고, 에로스가 모든 미덕을 지닌 최고의 존재라는 주장은 과연 에로스 자체, (다양한 속성들의 바탕에서 그것들을 가능하게 하는) 에로스의 실체를 제대로 밝힌 것일까? 이 역시 화려한 수사로 에로스의 본질을 대신하고, 에로스의 좋은 속성을 나열하는 데 그친 것은 아닐까? 온갖 지혜와 미덕을 지닌 에로스는 그 자체로 완전하고 충족된 존재일까?

---

7 고전 그리스에서는 시(poiema)가 곧 창작(poiesis)이고, 시를 짓는 기술(poiese)이 뛰어난 자는 지혜롭다고 본다.

에로스가 아름답지도 훌륭하지도 않다면

이제 소크라테스가 에로스를 예찬할 차례이다. 그런데 그는 에로스가 가장 아름답고 훌륭하다고 칭송하는 참가자들과 우열을 겨룰 수 없을 것 같다고, 다만 "자기 방식대로 진리를" 말하고 싶다고 한다.

사랑의 '진리'(aletheia)라니?

그는 먼저 아가톤에게 질문을 던진다. 에로스가 "어떤 것에 대한 사랑"이라면 그가 '어떤 것'을 욕망하는지를 묻는다. 아가톤은 그렇다고 답한다. 그러자 "에로스가 어떤 것을 원하고 사랑한다면 자신이 원하고 사랑하는 것을 소유하고 있어서인지, 아니면 소유하지 않아서인지"를 묻는다. 이런 질문으로 사랑을 사고하는 방향과 문제설정이 달라진다. 이 질문은 다르게 사고하는 출발점이 된다.

우리가 어떤 것을 욕망하고 추구한다면 얻고자 하는 바로 그것을 지니고 있지 않기 때문이다. '결핍'이 욕망을 낳는다. 예를 들어 에로스가 선을 추구한다면 선을 이미 지니고 있지 않기 때문이다. 부를 소유한 사람은 부를 바라지 않고, 힘이 강한 사람은 강함을 바라지 않고, 건강한 사람은 건강을 바랄 필요가 없다.[8] (소크라테스는 현명한 디오티마에게 질문하는 방식을 배웠다고 밝힌다. 그 자신도 그녀가 에로스는 아름답지도 훌륭하지도 않은 것이라고 지적했을 때 놀랐다고 한다.)

에로스가 어떤 것에 대한 사랑이라면, 그는 결핍된 것을 추구한다. 앞서 보았듯이 에로스가 아름다움을 추구한다면, 아름다움이 부족하거나 없기 때문이다. 에로스가 행복을 추구한다면 에로스가 불행한 존재에 지나지 않기 때문이다. 이런 질문 덕분에 에로스가 추구하는 선과 미덕이 사실은 그에게 결핍된 것임이 드러난다. 아가톤이 에로스에 부여한 훌륭한 속성들은 오히려 에로스의 온갖 결핍을 드러내는 표지가 된다.

디오티마는 사랑에 대한 화려한 찬사로 그 겉모습을 화려하게 장식하기보다는 사랑을 사랑답게 하는 사랑의 본질, '사랑의 진리'를 찾고자 한다.

사랑은 아름다운 것인가? 이제 놀란 아가톤은 에로스가 아름답지 않다면, 추한 것이냐고 묻는다. 디오티마에 따르면, 세상에는 추하지도 아름답지도 않은 '중간 상태'가 있다. 에로스는 아름다움과 추함의 '중간 상태'에 있으므로 아름다움을 추구할 수도 추한 것을 추구할 수도 있다. (지식의 경우에도 우

---

8   힘, 건강, 부를 당장 지니고 있으면서도 그것을 미래에도 계속 유지하고 싶어하거나 더 많은 부, 더 강한 힘, 지속적인 건강을 바라는 것은 그가 아직 갖고 있지 않고, 앞으로 갖고 싶은 것을 바라는 것이므로 결국 결핍에 대한 욕망이라고 할 수 있다.

리는 아무것도 모르는 것도 아니고 완전하게 아는 것도 아닌 "중간 상태"에서 출발한다.)

에로스의 기원, 그 이중성

디오티마는 에로스의 양면성을 출생 내력으로 설명한다. 아프로디테 탄생 축하연에 빈곤의 여신 페니아가 구걸하러 왔다가 신주(神酒)에 취해 잠든 방편의 신 포로스 곁에 누워서 에로스를 잉태했다고 한다. 상이한 두 기원 속에서 태어났기에 에로스는 '이중성'을 지닌다. 페니아의 자식이어서 항상 가난하고 맨발이고 정처 없이 떠돌지만, 아버지를 닮아서 아름답고 선한 것을 추구한다. 이런 이질적인 혼합체인 에로스는 용감하고 저돌적이고 열렬하고 힘센 사냥꾼인가 하면, 늘 모략을 꾸민다. 에로스는 온갖 사랑의 계략들을 꾸며내는 마술사이자 소피스트이기도 하다. (사랑의 소피스트들은 얼마나 달콤하고 유혹적인 수사들을 늘어놓는가!)

또한 에로스는 가사적(可死的) 인간도 불사의 신도 아닌 중간 존재, 정령(daimon)이다. 인간의 기도와 희생제물을 신에게 전하고 신들의 명령과 보답을 인간에게 전하면서 그 간격을 메우고 만물을 하나로 잇는 매개자이다. 이런 에로스는 그 자체로 선하지도, 악하지도 않다. 선과 악의 중간에서 선을 추구할 수도 있고 그 반대일 수도 있다. 풍요와 빈곤 사이에 있어서 때로는 풍요롭고 생기가 넘치지만 때로는 가난과 무기력 상태에 빠지곤 한다. 그가 얻은 풍요도 늘 사라져버리곤 한다. (사랑의 만족은 순간적으로 온 세계를 품는 것 같은 느낌을 주지만 곧 허전함과 결핍으로 몸부림치게 하지 않는가?)

그러면 (우리는 사랑에 빠지면 사리분별을 잃어버리곤 하는데) 에로스에게는 어떤 지혜가 있는가? (신은 지혜로 충만할 테니 지혜를 추구할 필요가 없고, 아무것도 모르는 자는 지혜를 사랑하지도 원하지도 않는다.) 지와 무지 '사이에서' 지혜를 사랑하는 자는 결핍된 지혜를 원한다. 에로스도 이처럼 지혜를 사랑하는 자와 같은 상태에 있다. 지혜란 "가장 아름다운 것들에 속하고" 에로스는 "아름다운 것에 대한 사랑"이기 때문이다.

그런데 에로스가 지혜를 사랑한다면, 에로스는 사랑하는 자이고, 그 대상이 지혜라면 사랑하기와 지혜는 서로 연결된다. 이처럼 진리를 찾는 철학(philosophia: philos＋sophia)이 지혜(sophia)를 사랑함(philos)이라면 철학은 사랑하기, 곧 지혜를 사랑하는 연애술(erotike)이 된다.

'무엇'을 사랑할 것인가

디오티마는 인간이 좋은 것을 사랑하고, 가능한 한 영원히 가지고 싶어하는 점에 주목해서 불멸의 욕망(그리고 짝을 이루는 영원한 대상)을 주제화한다.

사랑하는 이들은 사랑하는 대상을 '영원히' 갖고 싶어하지만, 고전 그리스 동성애에서는 영원한 대상을 기대할 수 없다. 사랑받는 소년이 성인이 되면 (이제 사랑이 아니라) 우정을 통해 관계를 지속시켜야 하기 때문이다. 영원한 것을 사랑하려면 사랑 방식을 바꿔야 하는가?

디오티마는 사랑이 추구하는 대상을 다르게 사고한다. 정신으로도 아름다운 것을 출산할 수 있다고 보는 것이다. (소크라테스는 '정신적 출산'을 잘 이해하지 못해서 다시 물어보았다고 한다.) 지적인 능력이 있는 사람이라면 정신으로도 임신할 수 있다. 남자도 출산할 수 있고, 사랑이 추구하는 아름다움을 정신적으로 낳을 수 있다. 몸의 아름다움뿐 아니라 정신적 가치를 지닌 것의 아름다움도 사랑 대상으로 본다.

부부가 자식을 통해 자신의 소멸을 넘어서서 영원성을 추구하는 것처럼, 사랑이 아름다운 것을 낳고 싶어한다면, 이런 출산은 가사적(可死的)인 것 속에서 영원한 것을 추구하는 것이다. 좋은 것을 영원하게 소유하려는 불멸을 위한 욕망이다.

(출산은 낡고 늙은 것을 대신해 새롭고 젊은 것을 얻고, 시간을 뛰어넘어 자신의 동일성을 유지하는 방식이다.)

알케스티스가 아드메토스를 위해서 죽고, 아킬레우스가 파트로클로스를 위해서 죽고, 코드로스가 적의 침입으로 위기에 빠진 아들의 왕국을 지키기 위하여 목숨을 바친 경우처럼 불멸의 덕, 영원한 명예를 위해 모든 것을 바치는 것을 불멸에 대한 사랑이라고 할 수 있다.

몸으로 임신하는 자들이 자식을 낳듯, 영혼으로 임신하는 자들은 지혜와 미덕을 낳으려 한다. 창조적인 시인이나 예술가, 공예가들은 육체적인 자식을 대신하는 영원한 어떤 것을 낳을 수 있다.

가장 위대하고 아름다운 지혜가 나라와 가정(오이코스)의 관리에 관한 분별력이라면 절제와 정의라는 자식을 낳을 수 있는 사랑이 필요하다. 어떤 이가 어릴 때부터 이런 미덕을 영혼에 임신하고 있다면, 나이가 들수록 그것을 출산하고 싶어 할 것이다. 그는 (절제와 정의 같은) 아름다운 자식을 함께 낳고 함께 기를 사랑할 존재를 찾는다. 정신적으로 임신한 자는 정신적으로 교감할 수 있는 아름다운 자와 사귀고 싶어한다. 이렇게 만난 이들은 "미덕에 관한 담론들", "훌륭한 사람이 해야 할 바"에 관한 담론을 주고받으며 (육체적인 열정뿐 아니라) 정신적 교류를 통해 불멸의 가치를 공유하고 협력할 수 있다.

사랑하는 이들은 "둘이 함께 있든 떨어져 있든 그를 기억하고" 그렇게 출산한 것을 함께 기른다. 디오티마는 이런 아이 기르기가 자식을 공유하는 남녀 부부보다 "더 긴밀한 유대와 더 두터운 우정"을 유지한다고 본다. 몸으로 낳은 자식보다 "더 아름답고 불사적인 자식들을 공유"하기 때문이다. 호메로스나 헤시오도스는 그들이 낳은 정신적인 자식(서사시) 덕분에 불멸의 명성을 누리고, 입법가인 뤼쿠르고스는 라케다이몬을 이끄는 훌륭한 자식(법) 때문에 오래도록 존경받는다.

사랑으로 진리의 길을 열다

이제 사랑하는 이들이 어떤 방식으로, 무엇을 사랑의 지향점으로 삼아야 할지를 밝혀야 한다. 디오티마는 사랑의 최종 단계에 이르는 '올바른 길'을 제시한다. 철학적인 에로스의 정점을 보여주는, 사랑으로 찾아낸 진리의 길이다.

이 길은 "젊어서 아름다운 몸에 초점을 맞추는 것으로 시작"한다. "이끄는 자가 그를 제대로 인도할 경우, 먼저 한 사람의 몸을 사랑하고 그 안에 아름다운 담론(logos kalos)을 낳아야" 한다. 여기에서는 하나의 몸에 대한 사랑과 아름다운 담론이 출발점이 되는데, 고전 그리스 동성애를 바탕에 두면서도 육체적인 결합보다는 정신적인 가치를 중시한다.

이어서 "한 몸의 아름다움은 다른 몸의 아름다움과 형제"처럼 가깝고 비슷한 것임을 배운다. 이성애 모델이라면 여러 몸들의 아름다움을 찾는 것이 이상하게 들리겠지만, 고전 그리스의 사랑 문화에서는 미소년이 성인이 되면 다른 미소년을 사랑하게 되므로 한 몸에 대한 사랑은 일시적일 수밖에 없다. 한 육체에 핀 아름다운 꽃이 스러지면 다른 몸에 대한 사랑이 이어진다. 그런데 이렇게 다른 몸을 사랑하는 경우, 몸이 달라지더라도 저마다의 몸들에 나타난 아름다움은 변치 않는다. 한 몸의 아름다움과 다른 몸의 아름다움은 다르지만 '아름다움'은 개별적인 아름다운 몸들을 넘어선다. 각각의 몸은 시들고 변해도 '아름다움'은 시들거나 변치 않는다.

(만약 아름다움이 몸과 함께 꽃피었다가 시든다면 어떻게 될까? 그것이 사라진 뒤에는 더 이상 아름다움이라곤 볼 수 없고, 아름다움이 완전히 없어지는가? 한때 어떤 몸에 존재한 아름다움이 그 몸과 함께 사라진다고 해서 아름다움 자체가 사라진다고 할 수는 없다. 한때 몸에 나타난 아름다움은 그 몸과 함께 피었다가 지는 그런 것이 아니다. 몸은 바뀌어도 아름다움은 여전히 그것 자체로 존재한다.)

각각의 아름다운 몸들은 "아름다움 자체"를 부분적이고 일시적으로 나타내는 것일 뿐이다. 사랑하는 자는 몸들의 아름다움을 경험하면서 아름다운 몸들이 나타났다 사라져도 변치 않는 "아름다움"이 있음을 깨닫게 된다. 특정한 몸에 집착하다가 그것을 벗어나면, 아름다움은 그 어떤 몸에도 온전하게 나타날 수 없음을 깨닫는다. 아름다운 몸들을 넘어서는 아름다움 자체를 지향하는 관점을 얻는 것이다. 이런 과정을 거쳐서 모든 몸이 지닌 아름다움이 "하나이고 같은 것"임을 알면 사랑하는 자는 더 이상 개별적인 몸들에 얽매이지 않는다.

　　디오티마는 몸에 있는 아름다움에 그치지 않고 "영혼에 있는 아름다움"을 더 귀중하게 여겨야 한다고 본다. 이런 점에서 (몸은 아름답지 않더라도) 아름다운 영혼을 지닌 자를 사랑하는 쪽이 그 반대로 (빈약한 영혼을 지닌) 아름다운 몸을 사랑하는 쪽보다 낫다고 할 수 있다.

　　또한 아름다움은 공적인 존재, 법과 공동체의 형태로 나타날 수도 있다. (헤겔이 고전 그리스의 폴리스를 "아름다운 공동체"라고 부르는 것처럼) 국가와 법률에서 개인과 공동체가 조화를 이룬다면 '아름답다'고 할 수 있다. 그래서 활동과 법률로 구현된 아름다움이 같은 종류의 아름다움임을 알게 되면 더 이상 몸의 아름다움에만 얽매이지 않을 것이다.

아름다움 자체를 찾아서

사랑을 주도하는 자는 사랑받는 자를 "활동을 넘어서는 지식
으로" 이끌어서 "지식들의 아름다움(ta kala mathemata)"을
볼 수 있는 능력을 길러야 한다. 이처럼 '아름다움 자체'를 볼
수 있다면 더 이상 '연동'이나 '특정한 인간'이나 '특정 활동의
아름다움'에 예속되지 않을 것이다.

　이때 아름다운 것들과 아름다움 자체를 구별하는 능력이
중요하다. 아름다운 것들과 아름다움 자체의 관계는 '현상들'
과 '이데아'의 관계와 같다. 감각적인 사물들은 변화에 휩쓸려
생기고 변하고 사라지지만, 이데아는 이런 변화를 넘어서는
본질적이고 영속적인 것이다. (삼각형의 이데아는 현실에 존
재하는 모든 개별적인 삼각형들을 삼각형일 수 있게 하는 보
편적인 것이다.) 마찬가지로 아름다운 것들은 눈앞에 존재하
더라도 변하고 사라질 수밖에 없지만 아름다움 자체는 그런
변화를 넘어서는 불변적인 것이다. 그래서 아름다운 것들에서
벗어나 (아름다운 것들을 아름답게 하는) '아름다움'에 눈뜨면
그것 자체로 존재하는 아름다움 자체를 볼 수 있다.

　디오티마는 이렇게 사랑을 통해 관점이 깊고 넓어지면
"아름다움의 큰 바다"로 나아가 그것을 바라보면서 "지혜를
향한 무한한 사랑에서 아름답고 웅장한 담론과 사상을 많이

낳게” 된다고 본다. 사랑하는 이들이 그런 가르침으로 자라나면 참되고 불변적으로 존재하는 것, 생성과 변화에 휘말리지 않는 존재인 ‘하나’에 대한 앎, 아름다움 자체에 대한 앎을 추구할 수 있다.

아름다움 자체는 보편적이다. 그것은 “늘 있는 것”이어서 “생성되지도 소멸하지도 않고, 늘어나지도 줄어들지도 않는” 것이다. 우리가 현실에서 경험하는 것들은 기껏해야 “어떤 점에서는 아름답지만 다른 점에서는 추한 것도 아니고, 어느 순간에는 아름답지만 다른 순간에는 아름답지 않은 것도 아니며, 어떤 것과 관련해서는 아름답지만 다른 것과 관련해서는 추한 것도 아니’다. 이런 것을 넘어서는 아름다움 자체는 ‘온전하게’ 아름답고, ‘언제나’ 아름답고, 절대적으로 아름답고, ‘모두에게’ 아름답다. 곧 ‘보편타당한’ 아름다움이다.

아름다운 것들은 형태에 한정되지만 ‘아름다움 자체’는 어떠한 형태도 갖지 않는다. 그것은 특정한 얼굴이나 몸처럼 형태를 지니지 않고 어떤 담론이나 어떤 앎에도 갇히지 않는다. 그것은 “다른 것 안에” 있거나 다른 것에 의존하지 않고 그 자체로 존재한다. 그래서 그것은 동물이나 땅이나 하늘이나 그 어떤 것에 있는 것도 아니다. 그것 자체로서, “그것 자체만으로 늘 단일한 형상(monoeides)으로 있는 것”이다.

아름다움은 하나지만 아름다운 것들은 다수이고, 아름다움은 온전한 전체지만 아름다운 것들은 부분에 지나지 않으므로 모든 아름다운 것들은 아름다움을 부분적으로 나누어 갖거나(分有) 아름다움에 부분적으로 참여할 뿐이다. 물론 아름다운 것들이 생기거나 소멸되더라도 아름다움 자체는 늘거나 줄지 않는다.

디오티마는 "제대로 된 소년애를 통해서" 사랑의 길을 올라가다가 "저 아름다운 것을 식별하기 시작한다면" 사실상 목표에 가까이 다다른 것이라고 본다. 이때 "소년애를 통해서 이 과정에 참여"한다고 하지만, 실상은 당시의 소년애보다는 철학적인 에로스를 염두에 둔 것이다. 철학적인 에로스는 (상대의 아름다운 몸과 감정에 대한 일시적인 사랑이 아니라) 진리를 향한 사랑을 추구한다. 그래서 사랑받는 자는 진리를 지향한다. 이제 사랑하는 자와 사랑받는 자는 서로에 대한 관심을 넘어서서 '아름다움 자체'를 공동 목표로 삼고 서로 협력한다.

요약하면, 이렇게 상승하는 과정은 "계단을 오르는 것처럼" "한 아름다운 몸에서 두 아름다운 몸으로, 두 아름다운 몸에서 모든 아름다운 몸으로, 아름다운 몸들에서 아름다운 활동으로, 아름다운 활동에서 아름다운 지식으로, 끝으로 아름다운 지식에서 아름다운 것 자체만을 대상으로 하는 저 특별한 지식으로" 올라간다.

디오티마는 이런 '아름다움 자체'를 관조하는 경지야말로 '살 만한 영역'이라고 본다. 만약 "온전하고 순수하고 섞이지 않은 아름다운 것 자체"를 보게 된다면 더 이상 다른 것들에 이끌리지 않을 것이다. (흔히 눈길을 사로잡는 "황금, 옷, 아름다운 소년들이나 젊은이들"로는 이것을 대신할 수 없기 때문이다.)

절대적인 대상을 사랑하는 자는 일시적이고 가변적인 대상에 얽매이지 않을 것이다. 아름다운 몸을 사랑하는 자도 연동을 보면 "먹지도 마시지도 않고 그저 바라보기만 하면서 함께 있고" 싶어하는데, 이런 사랑 너머의 순수하고 단일한 형상을 사랑하고 "신적인 아름다움을 지닌 것"에 대한 열정을 품었다면 그 열정은 더욱 강하고 더욱 지속적이지 않겠는가?

디오티마는 이런 (철학적인) 사랑이 (미덕의 이미지나 그림자가 아니라) "참된 미덕을 낳는 일"이고, 이처럼 참된 미덕을 낳고 기르게 되면 "불사의 존재"가 될 수 있다고 본다. 이런 진리 사랑은 절대적인 것을 지향하고 불멸을 향한 열정으로 불탄다.

디오티마의 얘기를 전한 소크라테스는 에로스야말로 신성한 존재가 되고 불사의 존재가 될 수 있는 것이니 "모두가 에로스를 존경해야" 한다고 하면서, 자신도 "에로스의 일들을 높이 평가하고 남다르게 연습하고 남들에게도 권유"하기로 다짐한다. 그는 힘이 미치는 한 "에로스의 능력과 용기를 찬미"하려고 하는데, 자신이 한 이야기도 그런 찬미를 위한 것이라고 밝힌다.

알키비아데스의 사랑 고백

이렇게 사랑 이야기의 향연이 끝나갈 무렵 갑자기 알키비아데스가 나타나면서 예기치 않은 국면이 펼쳐진다. 소크라테스를 사모하는 미남 청년 알키비아데스는 잔뜩 취해서 소크라테스를 사랑한다고 고백한다.

알키비아데스는 소크라테스의 몸이 아니라 그의 진리, "매력적이고 황홀한 언어"가 자기 혼을 뒤흔든다고 털어놓는다. "이분의 말씀을 들으면 심장이 팔딱팔딱 뛰고 눈물이 흘러내립니다." 소크라테스가 젊고 재질 있는 마음을 물고 늘어지기에 "지혜를 사랑하는 광기, 열정"에 이끌린다는 것이다. 그는 자신이 누구 앞에서도 부끄러워한 적이 없지만 소크라테스 앞에서만 부끄러움을 느낀다고 고백한다. 이렇게 사랑에 빠진 알키비아데스가 당시의 소년애의 경우처럼 사랑받는 소년이 아니라 사랑하는 자가 되는 점이 특이하다.

고전 그리스의 사랑 문화와 달리 소크라테스의 경우에는 미소년들이 그를 따르고 사랑하는 까닭에 사랑하는 자와 연동의 관계가 뒤바뀐다. 특히 당시 두드러지게 아름다운 미소년인 알키비아데스가 더없이 추한 용모를 지닌 소크라테스를 그리워하고 그의 사랑을 얻으려 애쓰는 것이다. 그렇지만 금욕(enkrateia)과 절제(sophrosyne)의 화신 소크라테스는 그에게 육체적인 사랑이 아니라 다른 사랑을 요구한다. 그는 철학적 에로스, 진리에 대한 사랑을 제시한다. 이것은 (사랑하는 자의 능동성과 사랑받는 자의 수동성에서 출발하는 관계가 아니라) 사랑하는 자와 사랑받는 자가 나란히 공동의 목표인 진리, 지혜를 사랑하는 방식이다. 이런 관계에서 소크라테스가 알키비아데스를 이끌고 알키비아데스는 소크라테스가 제시하는 진리를 따르고 사랑한다.

사랑에서 사랑의 진리로, 소크라테스의 (사랑) 혁명

『향연』에 소개되는 몇 가지 사랑론은 당시 연애술을 바탕에 깔고 있지만, 소크라테스-플라톤은 이와는 다른 사랑을 제안하기에 이른다. 디오티마-소크라테스의 주장은 육체적 사랑과 정신적 사랑을 구별할 뿐 아니라 '사랑의 문제틀'을 바꾸고 있다.[9]

연애술에서는 연인을 사로잡을 격렬한 감정과 사랑이 중요하고, 두 상대방이 어떻게 행위하는가에 관심을 쏟았다. (사랑하는 자는 어떻게, 어떤 형식으로, 어떤 설득 수단으로, 어떤 우정의 보증을 제시하면서 목표에 도달할 것인가. 연동은 어떻게, 어떤 조건에서, 어떤 저항과 시련을 거쳐서 구애를 받아들여야 하는가.)

그런데 디오티마는 사랑의 본질과 기원에 대해 묻는다. "사랑은 무엇인가?" "사랑의 본성과 활동은 어떤 것인가?" 이렇게 질문하면서 논의 대상이 바뀐다. (다른 대화자들은 찬사/비난, 선한 사랑/기만적 사랑을 구별하고 허용된 것/금지된 것의 경계에서 합치를 추구하는 기술을 다룬다.) 그러나 디오티마는 사랑을 사랑받는 쪽이 아니라 '사랑 자체'에서 파악하고 '사랑의 진리'를 찾는다. (이렇게 볼 때 사랑은 이중적이고, 결핍을 지니며, 무지와 지의 중간 상태에서 진리를 추구한다.)

사랑받는 대상에 주목한 연애술과 달리 디오티마는 대상이 아니라 '사랑 자체'에 주목하면서 (사랑에 빠진 자가 집착

---

9   철학적 에로스는 연애술의 문제 상황을 ①사랑 행위 문제에서 사랑의 실재로, ②사랑받는 대상에서 사랑 자체로, ③파트너의 불균형에서 사랑의 일치로, ④사랑받는 소년의 미덕에서 지배자의 사랑과 지혜로 관점을 바꾸는 시도라고 할 수 있다.

하는 아름다운 것들을 뛰어넘어서) '사랑의 진리', '아름다움 자체'를 보려 한다. (사랑받는 소년의 위엄이나 사람들의 존중 대신에 사랑하는 자들이 사랑의 실재에 주목하도록 한다.) 물론 사랑하는 대상은 소년의 육체가 아니라 영혼으로 바뀐다. 이때 육체관계는 평가절하 되지만 배제되지는 않는다. 하나의 육체에서 여러 육체로 옮아가고 이런 상승 과정을 통해서 아름다움이 충만한 영역에 이를 수 있다. 참된 사랑은 '육체를 통해서' 진리와 관련된다.

또한 연애술에서 사랑받는 자는 능동적인 주체가 아니고 두 연인의 상호성은 에로스가 우정으로 바뀔 때에야 가능하다. 그런데 에로스가 진리를 추구한다면, 사랑받는 자도 수동적인 위치에 머무를 수 없고 주체가 되어야 한다. 진리 사랑에서는 두 사람 모두가 진리를 지향한다. 이런 사랑은 둘이 서로 마주 보기만 하는 것이 아니라 '한 곳을 같이 바라보는' 것이다. 사랑하는 자와 연동은 함께 진리를 추구하는 '진리의 동지'이다.

연애술에서 구애는 '사랑하는 자'의 몫이고 저항은 연동의 몫이다. 하지만 진리를 추구하는 에로스에서 상대방을 인도하는 자는 그를 저속한 쾌락에서 벗어나게 하는 자, 참되게 진리를 사랑하는 자이다. 현명한 자는 진리의 지배자로서 사랑받는 자가 욕망을 극복하도록 이끈다.

이때 진리-사랑을 이끌 새로운 주인공은 자신에 대한 완벽한 자제력, 금욕을 지녀야 한다. 그는 사랑의 방향과 역할을 바꿀 것이다. 성적 욕망을 포기하는 주인공은 진리를 원하는 젊은이들에게 사랑받는 대상이 되는 지배자이자, 자기 욕망을 자제할 수 있는 자이다.

이런 역할을 맡은 주인공이 바로 소크라테스이다. 이제 사랑하는 방식이 바뀌어 미소년들이 소크라테스를 사랑한다. (소크라테스는 알키비아데스, 카르미데스, 에우티데모스 등의 사랑 대상이 된다.) 그들은 소크라테스를 따라다니며 그를 매혹시키려 하고 그가 지닌 지혜의 보물을 얻기를 갈망한다. 그들이 사랑하는 자의 위치에 서고, 볼품없는 육체를 지닌 늙은이는 사랑받는 자의 위치에 놓인다. 소크라테스는 미소년들에게 어떤 육체적 욕망도 갖지 않을 뿐만 아니라 참된 사랑의 힘을 지니고, 진리를 사랑하도록 이끄는 '사랑의 화신'이다.

알키비아데스가 지적하듯이, 사랑이 진리에 대한 사랑이라면 소크라테스는 진리를 사랑하는 자를 대표하고, 그를 따르는 이들도 이런 소크라테스의 '진리 사랑'을 사랑한다. (소크라테스는 자기의 몸을 사랑하는 자에게 아무런 반응을 보이지 않으며, 남다른 자제력으로 육체의 아름다움에 얽매이지 않는다.) 자기 욕망을 지배하는 자의 지혜(sophrosyne:절제)

는 (소년의 명예가 아니라) 참된 사랑의 대상인 진리와 금욕의 원칙을 제시한다.

디오티마-플라톤은 사랑에서 '진리 문제'가 근본적이라고 본다. 사랑하는 자는 그를 사로잡는 '사랑의 본질'을 알아야 한다. 이런 사랑의 테마는 사랑을 통해서 진리를 찾고 그것을 함께 유지하는 것이다.

철학적 에로스는 '주체의 금욕'을 바탕으로 함께 '진리로 상승하는 길'을 찾는다. 이처럼 지혜를 추구하는 사랑은 새로운 사랑 방식을 제시하고, 사랑을 진리에 대한 사랑으로 바꾸는 '새로운' 연애술이자 새로운 '생활양식'이다.

과연 디오티마-소크라테스-플라톤의 사랑 혁명은 성공할 수 있을까? 이것이 고전 그리스의 연애술을 대체하는 새로운 사랑 방식이 될 수 있을까? 지혜를 사랑하는 철학은 고전 그리스의 사랑 문화를 다른 사랑의 장으로 옮겨놓을 수 있을까?

이 글은 『문학과 철학의 향연』(문학과지성사) 제4장, 『사랑의 인문학』(삼인) 제2장을 수정·보완한 것이다. 논의의 방향과 구도는 푸코의 해석(『성의 역사 Histoire de la sexualité』 제2권, 『쾌락의 활용 L'usage des plaisirs』)을 따른 것이다.